Bill Guting
Wolfgang Rademacher

Super-Profit
im Internet

Marketingführer für

sofortige Ergebnisse

im Internet

www.erfolgsonline.de

Bill Guting

Wolfgang Rademacher

Super-Profit im Internet

Marketingführer für

sofortige Ergebnisse

im Internet

Alle Rechte der Verbreitung durch Schriften, Fernsehen, Funk, Film, Video, foto- oder computertechnisch sowie durch zukünftige Medien sind vorbehalten. Bei Zuwiderhandlung und missbräuchlicher Verwendung kann Schadenersatz gefordert werden.

Rademacher, Wolfgang

Super-Profit im Internet

Originalausgabe

Aktuelle Auflage: Dezember 2016,

© 2003-2016 by Wolfgang Rademacher, Selm

Eichendorffstrasse 27, 59379 Selm
Telefon 02592-981887
Telefax 02592-981889

Email: an@erfolgsonline.de
INTERNET: http://www.erfolgsonline.de

Idee, Text und Titelgestalltung:
Wolfgang Rademacher

ISBN 978-3-935599-38-2

Printed in Germany

Inhaltsverzeichnis

Kurz beleuchtet. 9
Suchmaschinen auswählen 12
    1. Tagesaktuelle Statistiken 12
    2. Wer beliefert wen? 12
    3. Spezialsuchmaschinen 13
Suchbegriffe 14
    4. Typische Fehler 14
    5. Mehr-Wort-Anfragen 14
    6. Google Toolbar 15
    7. Alternative Schreibweisen 15
    8. Synonyme und Begriffe 16
    9. Keywords 16
Optimierung 17
    10. Der Titel ist am wichtigsten 17
    11. Für jeden Begriff eine Seite 17
    12. Sitemap hilft den Maschinen 17
    13. Kein Meta Refresh 18
    14. Meta Keywords 18
    15. Meta Description Tag 18
Google 19

- 16. Link Popularity 19
- 17. PageRank 19
- 18. Die Toolbar 20
- 19. PageRank verbessern 20
- 20. Begriffe in Links einbauen 21

Metasuchmaschinen 21
- 21. Gute Positionen 21

Frames 22

Weiterleitungen 23
- 24. Doorway Pages 23
- 25. Umbau einer Website 24

Suchmaschineneintrag 25
- 26. Zu viel Aufwand lohnt nicht 25
- 27. Optimierungs-Linke 26
- 28. Externe Links 27
- 29. Wichtige Web-Kataloge 28
- 30. Bezahlte Einträge 28
- 31. Die robots.txt-Datei 29

Datenbanken 29
- 32. URL-Problem Fragezeichen 29
- 33. Ersatz-URL statt Fragezeichen 30
- 34. Rewrite-Modul für IIS 31

Kontrollieren 31

35. Wie Engines Ihre Site sehen 31

36. Position bestimmen 32

37. Verweisende Links finden 33

38. Viele Seiten verlinken 33

39. Logfiles analysieren 33

40. Analyse-Software 34

Versteckte Seiten entdecken 35

41. Der eigene UserAgent 35

Geld verdienen im Internet

EINFÜHRUNG: 39

Marketing Prinzipien 43

MARKETINGPRINZIP Nr. 1: 43

MARKETINGPRINZIP Nr. 2: 46

MARKETINGPRINZIP Nr. 3: 70

MARKETINGPRINZIP Nr. 4: 85

MARKETINGPRINZIP Nr. 5: 92

Marketing-Methoden 99

MARKETINGMETHODE Nr. 1 100

MARKETINGMETHODE Nr. 2 122

MARKETINGMETHODE Nr. 3 146

MARKETINGMETHODE Nr. 4 162

MARKETINGMETHODE Nr. 5 180

Kurz beleuchtet.

Auch ich habe lange gebraucht um mich im Internet zurechtzufinden. Das Problem war zunächst, dem System auf die Schliche zu kommen um mehr potentielle Kunden auf meine Internetseiten zu bekommen.

Wir wollen doch alle auch im Internet unser Geld verdienen. Was allerdings zu erst passiert ist, dass jeder Internetbenutzer einen Menge Zeit und durch Unwissenheit einen Stange Geld investieren muss, um auch dann selbst davon profitieren zu können. Dazu kommt noch eine umfangreiche Sucherei im Internet, um die entsprechenden Informationen zu bekommen, damit man selber loslegen kann.

Seine eigenen Internetseiten zu gestalten ist vielleicht noch das kleinste Problem. Die ersten Enttäuschungen treten dann bereits ein, wenn die Seiten stolz im Netz sind, aber einem die Besucher fehlen. Dann fangen die ersten Schwierigkeiten an. Was kann ich machen? Was ist zu tun?

Um Ihnen die Problematik des Internetsystems ein ganzen Stück näher zu bringen, habe ich dieses Buch „Spitzen-Profit im Internet" für Sie geschrieben und zusammengestellt. In zwei Teilen habe ich es aufgesplittet. Es wird Ihnen dabei helfen zügig Besucher und dann Kunden auf Ihre HomePage zu bekommen.

Der erste Teil beschäftigt sich mit der ebenfalls wichtigen Grundlage, den Suchmaschinen. Der Zweite umfangreicherer Teil mit Anzeigen und E-Mail-Techniken. Es ist von Bill Guting erprobt und geschrieben worden. Lange habe ich nach einem solchen Wissensschatz gesucht. Bis ich ihn endlich gefunden habe.

Kurz beleuchtet.

Da diese Techniken bei mir bestens funktionieren, habe ich diese wichtigen Informationen in dieses Buch zusammengefasst und für Sie zum sofortigen Einsatz bereitgestellt. Nutzen Sie es, wenn Sie im Internet schnell und zügig Geld verdienen oder „Spitzen-Profit" machen wollen.

Unverändert habe ich in den Artikeln die USA - Internetadressen gelassen, um den Lesefluss und das Verständnis nicht zu unterbrechen.

Das wichtigste Werkzeug von Bill Guting der „Autoresponder" finden Sie im Internet auf meiner HomePage www.erfolgs-online.de als PHP-Datei. Dieses können Sie sich im Bedarfsfall kostenlos herunterladen. Ich habe dieses phantastische Werkzeug selber im Internet kostenlos erstanden. Anschließend habe ich es ausprobiert und setze es immer mehr ein, so wie Sie es auch auf meiner HomePage feststellen werden, wenn Sie diese Seite besuchen.

Wenn Sie Ihre Internetseiten nicht selber erstellen und programmieren können, dann geben Sie diese Dateien Ihrem Internet-Fachmann weiter. Dadurch können Sie sich schon erhebliche Kosten einsparen. Wichtig ist, dass Sie diese geniale Technik kennen, um es im Internet für Ihre Seiten einsetzen. Der Erfolg wird Ihnen gewiss sein.

Kleinanzeigen im Internet finden Sie z.B. unter

www.Kleinanzeigen.de

www.quoka.de

www.Kleinanzeigen.net

www.Computer-Kleinanzeigen.de

www.kostenlos-Kleinanzeigen.de

www.nrw-kleinanzeigen.de

Kurz beleuchtet.

Oder geben Sie bei den großen Suchmaschinen wie z.B. Google den Begriff „Kleinanzeigen" ein und eine ganze Litanei von Anbietern werden Ihnen präsentiert.

Die wichtigsten deutschsprachigen Suchmaschinen sind auf der übernächsten Seite beschrieben.

Am allerwichtigsten ist, dass Sie Ihre Eintragungen von Hand vornehmen lassen. Als erstes sollten Sie sich allerdings bei www.dmoz.org in der entsprechenden Kategorie eintragen. So wie mir bekannt ist, greifen fast alle großen Suchmaschinen hierauf zurück. Von der Eintragung bis zum Erscheinen kann es allerdings einige Wochen und Monate dauern

Alles andere werden Sie in den nachfolgenden Seiten erfahren. Wenn Sie zu einem Artikel etwas für Ihren deutschen Internetauftritt benötigen, dann benutzen Sie einfach die deutschsprachigen Suchmaschinen und geben Sie genau den Begriff ein, den Sie suchen. Mit etwas Weitblick werden Sie dann auch fündig werden.

So und nun starten Sie los. Alles andere wird sich aus diesem Wissen ergeben.

Ich wünsche Ihnen viel Spass dabei.

Ihr

Wolfgang Rademacher

EINFÜHRUNG:

Verbessern Sie für Ihre eigene Website Ihr Ranking in den Ergebnissen von Suchmaschinen.

Um eine sehr große Zahl von Besuchern auf die eigenen Web-Seiten zu locken, sind heutzutage Suchmaschinen unentbehrlich. Natürlich ist dabei der Besucherstrom umso stärker, je besser die Web-Seiten im Ranking der Suchmaschinen positioniert sind.

Suchmaschinen auswählen

1. Tagesaktuelle Statistiken

Web-Hits (www.webhits.de/deutsch/webstats.html) ist ein Anbieter von Counter- und Statistikdiensten mit einer Vielzahl von Kunden. Auf der Webseite des Unternehmens findet sich eine tagesaktuelle Zusammenfassung dieser Statistiken, aus denen sich eine sehr gute Abschätzung der Marktanteile der einzelnen Suchmaschinen ergibt.

Natürlich sind diese Zahlen leicht verzerrt, da sich hier vor allem private Website und die Auftritte kleinerer Firmen wieder finden. Für die Einschätzung der Bedeutung der einzelnen Suchmaschinen und Portale ist die Statistik aber auf alle Fälle gut zu gebrauchen.

2. Wer beliefert wen?

Es reicht nicht aus zu wissen, welches Portal die meisten Besucher auf Ihre Website bringen kann.

Sie müssen auch wissen, wo er dieses Portal seine Daten für die Suchfunktion bezieht. Denn nur die wenigsten Suchdienste haben heute noch einen eigenen Datenbestand. Den aktuellen Stand können Sie der Tabelle entnehmen. Dort sind ebenfalls die momentanen Marktanteile verzeichnet.

Suchmaschinen auswählen

Portal	Lieferanten	Marktanteil / %
Google	Google, ODP (dmoz.org)	60
Yahoo	Yahoo, Google	10
MSN	Allesklar.de, Inktomi	9
T-Online	Overture, Fast	5
Lycos	Fast	5
Fireball	Fireball	4
Web.de	Web.de, Google	3
Metager	Fast Yahoo, Tricus u.a.	3
AOL	Google	2
Altavista	Altavista	2

Aus der zweiten Spalte (Lieferanten) der Suchmaschinen-Tabelle geht deutlich hervor, dass die großen Portale von nur einigen wenigen Datenbanken beliefert werden.

Rechnet man die Marktanteile der Datenlieferanten zusammen, so zeigt sich, dass die Suchmaschinen Google, Fast, Inktomi, Fireball, Altavista und Tricus etwa 90 Prozent aller Besucher vermitteln.

Wer seine Website optimieren will, kann sich also getrost auf diese Suchmaschinen konzentrieren.

3. Spezialsuchmaschinen

Natürlich denkt man an in erster Linie an die großen Suchmaschinen wie Google oder Fast, wenn es um die Optimierung der Website geht. Allzu leicht übersieht man dabei aber das Potenzial, das in den so genannten Spezialsuchmaschinen stecken kann.

EINFÜHRUNG:

Spezialsuchmaschinen nehmen nicht alle Seiten auf, sondern nur solche, die ein bestimmtes Thema ansprechen oder regionalen Bezug besitzen.

Bei einer Website mit hohem Informationsgehalt kann der Besucherstrom über eine einschlägige Spezialsuchmaschine durchaus vergleichbare Größenordnungen erreichen wie der beliebterer Suchmaschinen.

Suchbegriffe

4. Typische Fehler

Eine Website lässt sich nicht „einfach so" für Suchmaschinen optimieren. Als Erstes müssen die Suchbegriffe festgelegt werden, unter denen man gefunden werden will. Dies sind meist nicht die Wörter, die mehr oder weniger zufällig auf der Website ins Auge stechen.

Setzen Sie sich hin, und überlegen Sie sich, mit welchen Begriffen die Surfer, die am Inhalt Ihres Web-Angebots interessiert sein könnten, vermutlich suchen werden. Gewichten Sie dann die gefundenen Begriffe danach, wie gut diese zur Website passen. Als letzten Schritt dieser Vorbereitung müssen Sie noch ermitteln, welche der gefundenen Suchbegriffe wie oft benutzt werden. Dazu gibt es eine Reihe von Keyword-Datenbanken, die in Tipp 9 vorgestellt werden.

5. Mehr-Wort-Anfragen

Achten Sie bei der Auswahl der Suchbegriffe darauf, diese nicht nur für Ein-Wort-Begriffe wie „mp3" oder „bilder" zu optimieren. Google etwa findet für die Suche nach „bilder" 4,5 Millionen Ergebnisse; wollen Sie diesen Begriff optimieren, so haben Sie mehrere Millionen Konkurrenzseiten Konzentrieren Sie sich daher lieber auf Mehr-Wort-Anfragen, die den Inhalt Ihres Angebots passend und ausgiebig umschreiben. So erreichen Sie zum Einen Besucher, die auch wirklich an Ihrer Site interessiert sind, und haben zum Anderen weitaus weniger Konkurrenz.

6. Google Toolbar

Die Toolbar zeigt für jede Seite, die man aufruft, an, welchen Wert Google dieser Seite beimisst. Dazu wird beim Surfen jede besuchte URL an einen Server von Google übermittelt, der dann den PageRank-Wert dieser URL zurückliefert. Damit weiß Google, von welcher IP-Adresse aus wann welche Seiten besucht wurden. Sollten Sie bzw. Ihre Firma eine statische IP-Adresse besitzen, so kennt Google Ihr Surf-Verhalten bis ins Detail.

Doch auch mit einer dynamischen IP-Vergabe, wie dies bei den meisten Providern üblich ist, sind Sie noch nicht unbedingt Googles Fängen entkommen. Denn Google verpasst Ihnen ein Cookie, das von der Toolbar bei jeder Abfrage des PageRank-Werts brav an Google zurückgeliefert wird. So weiß also Google auch ohne feste IP genau, was Sie im Web so alles treiben.

7. Alternative Schreibweisen

Wenn Sie die Suchbegriffe festlegen, sollten Sie auch an Tippfehler und unterschiedliche Schreibweisen denken. So schreiben etwa 15 Prozent aller Nutzer das Wort „Suchmaschinen" mit „ie"; und immerhin fünf Prozent vergessen beim Wort „Immobilien" das zweite „m".

Eine zusätzliche Schwierigkeit bringt die neue Rechtschreibung mit sich. Das Wort Delphin etwa ist nun auch in der Schreibweise mit „f" zulässig: Delfin. Wollen Sie alle potenziellen Besucher ansprechen, müssen Sie auch beide Schreibweisen bei der Optimierung berücksichtigen

EINFÜHRUNG:

Alle wichtigen Suchmaschinen erkennen heute zwar Umlaute in allen möglichen Codierungen, trotzdem suchen teilweise bis zu zwanzig Prozent der User noch mit der Ersatzschreibweise: „muenchen" statt „münchen". Während Google für beide Schreibweisen (nahezu) identische Ergebnisse liefert, betrachten die anderen Suchmaschinen diese als zwei verschiedene Wörter.

8. Synonyme und Begriffe

Unter http://metager.de/also.html bietet das Rechenzentrum Hannover, das auch die Metasuchmaschine MetaGer betreibt, einen so genannten „Web-Assoziator" an. Gibt man einen Begriff ein, so erscheint eine Liste von ähnlichen und inhaltlich verwandten Wörtern. Auf die Anfrage „auto" etwa antwortet das Tool mit „gebrauchtwagen", „neuwagen", „autos", „autohaus" usw.; in sehr kurzer Zeit erhält man so viele Anregungen für neue Suchbegriffe.

9. Keywords

Es gibt mehrere Quellen im Web, die Auskunft darüber geben, wie häufig einzelne Suchbegriffe benutzt werden. Zu den kostenlosen Anbietern gehören

www.*suchmaschinentricks*.de u. *www.webmasterplan.de*.

Der Nachteil dieser Angebote ist, dass der Datenbestand nicht besonders aktuell ist.

Unter *www.keyworddatenbank*.de startet eine neue Suchbegriffsdatenbank, die gegen eine Gebühr den Zugriff auf einen täglich aktualisierten Bestand an Suchanfragen gewährt.

Optimierung

10. Der Titel ist am wichtigsten

Um zu bestimmen, welche Seiten für eine Suchanfrage wichtig sind, untersuchen Suchmaschinen den HTML-Quelltext der Seiten. Dabei sind Begriffe, die im Titel vorkommen, von ganz entscheidender Bedeutung. Seiten mit dem gesuchten Begriff im Titel werden bei allen Suchmaschinen besonders hoch bewertet.

11. Für jeden Begriff eine Seite

Um unter den ausgewählten Suchbegriffen jeweils gute Positionen für Ihre Website zu erreichen, sollten Sie für jeden Begriff eine eigene Seite erstellen. Diese Seite ist dann entsprechend zu optimieren: Der zugeordnete Begriff gehört also in den Titel dieser Seite, in eine Überschrift *(<h1>)* und mehrmals in den normalen Fließtext. Lediglich die Homepage können Sie abweichend von dieser Regel auch für mehrere Suchbegriffe gleichzeitig zu optimieren versuchen.

In der extremsten Form führt die Anwendung dieser Methode zu so genannten Doorway Pages, deren einzige Aufgabe es ist, in den Suchmaschinen gut platziert zu werden. Kommt ein Besucher über Suchmaschinen auf eine solche Doorway Page, wird er - meist per JavaScript - auf die eigentliche Website weitergeleitet.

12. Sitemap hilft den Maschinen

Ein Inhaltsverzeichnis Ihrer Website, oft als Sitemap bezeichnet, bietet nicht nur eine gute Orientierung, sondern hilft auch den Suchmaschinen-Robots, schnell zu den einzelnen Unterseiten zu kommen.

EINFÜHRUNG:

Zudem sind auf einer Sitemap alle Begriffe verzeichnet, die irgendwie mit Ihrer Website zu tun haben. Über jede beliebige Kombination dieser Begriffe wird die Sitemap also auch gefunden werden.

13. Kein Meta Refresh

Verzichten Sie in Ihrer Website auf den Einsatz des Meta-Refresh-Befehls. Suchmaschinen mögen diese Art der Weiterleitung nicht und nehmen Seiten, auf denen dieser Befehl zum Einsatz kommt, oftmals nicht auf. Womöglich kann es dadurch sogar zu einer schlechteren Bewertung der ganzen Website kommen.

14. Meta Keywords

Immer noch sind manche Webmaster der Meinung, die Meta Keywords seien besonders wichtig für das Ranking. Dabei beachtet beispielsweise Google diesen HTML-Tag überhaupt nicht. Und auch bei allen anderen wichtigen Suchmaschinen werden diese Angaben mehr oder weniger ignoriert.

15. Meta Description Tag

Anders als die Keywords- ist die Description-Angabe in den Metatags nach wie vor sehr wichtig. Fast alle Suchmaschinen greifen auf den Inhalt dieses Tags zurück, um zusätzlich zum Titel noch eine Erläuterung der gefundenen Seite anzuzeigen. Nur Google zeigt im Normalfall statt dieser Description einen kurzen Ausschnitt aus dem Seiteninhalt; doch in bestimmten Situationen greift auch Google auf die Meta Description zurück. Eine nett formulierte Beschreibung ist also ein Muss für eine gut optimierte Seite.

Google

16. Link Popularity

Als Google im Jahr 2000 den Durchbruch schaffte, waren seine Suchergebnisse um etliches besser als die aller anderen Suchmaschinen. Google erreichte dies mit dem neuen Konzept „Link Popularity". Dabei wird die Verlinkung der Web-Seiten untereinander benutzt, um gute von weniger guten Seiten unterscheiden zu können.

Je mehr Links von anderen Seiten auf eine Seite verweisen, umso besser wird diese bewertet. Zusätzlich sind Links von gut bewerteten Seiten besonders wertvoll. Heute ahmen alle wichtigen Suchmaschinen dieses Konzept nach. Dies bedeutet, dass es meist genügt, sich bei der Optimierung an Google zu orientieren. Wenn man dort ganz vorne steht, ist man in der Regel auch bei anderen Suchmaschinen ganz oben zu finden.

17. PageRank

Google bewertet jede Seite mit einer Zahl zwischen Null und Zehn. Je größer diese Zahl, umso höher schätzt Google den Wert dieser Seite ein. Diese Zahl heißt PageRank und kann über die Google Toolbar eingesehen werden. Ein hoher PageRank ist hilfreich, um in Google eine gute Platzierung zu erreichen. Dies lässt sich prinzipiell auf zwei Wegen erreichen. Zum einen steigt der PageRank-Wert mit der Zahl der Links, die auf eine Seite verweisen. Allerdings sind dabei Tausende von Links nötig, um eine Verbesserung dieses Werts zu erreichen. Für die meisten Seiten ist der andere Weg der einfachere: Ein Link von einer Seite mit sehr hohem PageRank „vererbt" der verlinkten Seite seinen eigenen PageRank-Wert; meistens wird dabei aber ein PageRank-Punkt abgezogen.

EINFÜHRUNG:

18. Die Toolbar

Unter der Adresse http://toolbar.google.com/intl/de/ kann man sich die Google Toolbar herunterladen und installieren. Neben einer ganzen Reihe von Funktionen, die das Suchen und Surfen erleichtern, liefert die Toolbar wertvolle Informationen zur Optimierung von Web-Seiten.

Am wichtigsten ist die Anzeige des PageRank-Werts. Dieser wird als kleiner grün-weißer Balken in der Mitte der Toolbar dargestellt. Fährt man mit der Maus über diesen Balken, so gibt die Toolbar den genauen Zahlenwert aus. Bleibt der Balken grau, so bedeutet dies, dass Google diese Seite nicht kennt. Ein weißer Balken hingegen steht für einen PageRank-Wert von null und ist meist ein Anzeichen dafür, dass Google diese Seite wegen Spammings „bestraft" hat.

Die unter dem Menü „Seiten-Info" versteckte Funktion „Verweisseiten" zeigt die Seiten an, die einen Link auf die momentan im Browser dargestellte Seite enthalten. Allerdings werden hier nicht alle Seiten angezeigt, sondern nur Seiten, die mindestens einen PageRank-Wert von vier erreichen. Die Toolbar läuft nur unter Windows und mit dem Internet Explorer ab Version 5.

19. PageRank verbessern

Um Websites zu finden, die einerseits einen hohen PageRank aufweisen und andererseits mit dem Thema der eigenen Website verwandt sind, suchen Sie in Google mit dem für Sie wichtigen Suchbegriff. Für jede gefundene Seite klicken Sie nun in der Google Toolbar auf die Funktion „Verweisseiten". So erhalten Sie genau die Seiten, die auf die gut platzierten Seiten verlinken. Suchen Sie sich daraus nun die Seiten mit einem hohen PageRank-Wert aus und bitten deren Webmaster per Mail um einen Link.

20. Begriffe in Links einbauen

Ein hoher PageRank-Wert ist zwar eine wichtige Voraussetzung für gute Platzierungen bei Google, aber damit allein ist es nicht getan. Denn neben diesem Zahlenwert ist es von zentraler Bedeutung, dass in den Links der gefragte Suchbegriff vorkommt.

Sie sollten erreichen, dass die Links, die auf Ihre Seiten verweisen, jeweils auch den einen oder anderen Suchbegriff enthalten. Dies gilt übrigens auch für Links innerhalb der eigenen Website. Deshalb sollten Sie zur Navigation Links einsetzen, die jeweils einen für die Seite wichtigen Begriff enthalten.

Wie wichtig der Text in einem verweisenden Link ist, lässt sich am besten durch ein Beispiel zeigen. Suchen Sie in Google nach „Suchtipps". Auf Platz eins erscheint die Seite „Googles Suchhilfe", auf der der gesuchte Begriff überhaupt nicht vorkommt! Besucht man die archivierte Version dieser Seite - in den Suchergebnissen auf „Im Archiv" klicken -, sagt Google auch deutlich, dass der Begriff „Suchtipps" nur in Links vorkommt, die auf diese Seite verweisen. Weitere Beispiele dazu finden Sie, wenn Sie nach „hier klicken" oder „mehr" suchen. Es erscheinen jeweils Seiten ganz oben, die den gesuchten Begriff nicht enthalten, die aber viele Links haben, in denen der Suchbegriff zu finden ist.

Metasuchmaschinen

21. Gute Positionen

Um in Metasuchmaschinen gefunden zu werden, muss eine Website in den gewöhnlichen Suchmaschinen, die von den Metasuchmaschinen abgefragt werden, auf den ersten Ergebnisseiten zu finden sein. Für die größte deutsche Metasuchmaschine MetaGer sind hier vor allem die Suchdienste Lycos (und damit Fast), Yahoo und Tricus zu erwähnen.

EINFÜHRUNG:

Da eine Metasuchmaschine aber keinen Zugriff auf den HTML-Code der einzelnen Seiten hat, kann sie zur Sortierung der Ergebnisse nur das nutzen, was die anderen Suchmaschinen als Ergebnisse ausgeben, in der Regel also den Titel und die Beschreibung aus dem Meta Description Tag. Wenn Sie die wichtigen Suchbegriffe also sowohl im Titel als auch in der Beschreibung notiert haben und unter diesen Suchbegriffen auch bei den genannten Suchmaschinen weit oben gefunden werden, sollten Sie auch bei MetaGer gute Platzierungen erreichen.

Frames

22. „noframes"-Tag einsetzen

Beachtet man ein paar Faktoren, dann hat der Einsatz von Frames keine negativen Auswirkungen auf die Platzierung einer Website in Suchmaschinen. Sie sollten auf alle Fälle in jeder Seite, in der ein Frameset definiert wird, auch einen „noframes"-Bereich angeben. Dieser Bereich wird von allen Browsern beachtet, die das Frameset selbst nicht darstellen. Genau dies gilt auch für Suchmaschinen. Sie können somit im „noframes"-Bereich den Suchmaschinen mitteilen, was auf der Seite an Inhalt zu finden ist.

23. Besucher-Navigation

Suchmaschinen nehmen, wenn es keine technischen Probleme gibt, alle Seiten einer Website auf. Deshalb wird es oft passieren, dass Besucher nicht über die Homepage auf Ihre Website finden, sondern auf einer Unterseite landen.

Bei Frames bedeutet dies meist, dass nur diese eine Seite angezeigt wird - ohne das dazugehörige Frameset. Im schlimmsten Fall erhält so der Besucher eine Seite ohne Navigation und Logo, denn die befinden sich ja üblicherweise in eigenen Frames.

Suchmaschinen auswählen

Deshalb sollte man zumindest auf jeder Seite eine „Notnavigation" mit Links auf die Homepage und die wichtigsten Bereiche der Website unterbringen. Besucher erhalten somit die Chance, sich auch andere Seiten Ihrer Site anzusehen.

Eleganter ist es, dieses Problem mit JavaScript zu lösen. Setzen Sie dazu auf jede Seite, die innerhalb eines Framesets dargestellt wird, folgendes JavaScript:

```
<script language-"JavaScript"><!-
if(top.location == self.location)
top.location.replace('frameset.htm');
//-></script>
```

Sie müssen statt ‚frameset.htm' jeweils die Seite angeben, die auf Ihrer Website die entsprechende Frameset-Definition enthält.

Beachten Sie, dass hier die replace-Funktion von JavaScript eingesetzt wird. Damit ist es Ihren Besuchern möglich, mit einem Klick auf den Zurück-Button des Browsers wieder zur Suchmaschine zurückzukehren. Würde man stattdessen den Befehl location.href nutzen, wären die Besucher auf dieser Seite „gefangen"; eine Unsitte, die man zwar oft im Web sieht, die aber nicht der Etikette entspricht

Weiterleitungen

24. Doorway Pages

Das oben dargestellte Script stellt nichts anderes als eine Weiterleitung per JavaScript dar. Man kann ein ähnliches Script nutzen, um von location.replace zu erkennen und diese Seiten dann nicht aufzunehmen.

EINFÜHRUNG:

Wer also ganz sichergehen will, dass seine Weiterleitung zumindest maschinell nicht erkennbar ist, sollte den eval-Befehl von JavaScript nutzen:

```
<script language=„JavaScript"><!-
location.replace('index.htm );
//-></script>
```

Allerdings bemühen sich die Betreiber von Suchmaschinen, für die Weiterleitung typischer Zeichenfolgen, wie location.herf oder location.replace zu erkennen und diese Seiten dann nicht aufzunehmen.

Wer also ganz sichergehen will, dass seine Weiterleitung zumindest maschinell nicht erkennbar ist, sollte den eval-Befehl von JavaScript nutzen:

```
<script language.."JavaScript"><!-
var str1 >= „locat";
var str2 = „ion.repl";
var str3 = „ace('inde";
var str4 = „x.htm')";
eval(str1+str2+str3+str4);
//-></script>
```

Beachten Sie dabei aber bitte, dass Ihre Konkurrenten um die Top-Platzierungen auch diese Art der Weiterleitung leicht erkennen können. Sollten Sie diese Weiterleitung einsetzen, um Spamming zu verschleiern, so müssen Sie damit rechnen, dass Ihre Konkurrenz Sie umgehend bei der Suchmaschine verpetzen wird.

25. Umbau einer Website

Hin und wieder wird die Neustrukturierung einer Website fällig; bereits vorhandene und bei den Suchmaschinen bekannte Seiten sollen dann unter einer neuen Adresse gefunden werden.

Dazu setzen Sie sinnvollerweise eine serverseitige Weiterleitung ein: Auf die Anfrage eines Browsers oder Robots nach einer inzwischen veralteten Adresse antwortet der Webserver mit einer Weiterleitung (HTTP-Statuscode 301) auf die aktuelle URL.

Am einfachsten ist dies beim weit verbreiteten Apache-Webserver in der htaccess-Datei mit der redirect-Anweisung möglich:

redirect 301 /alt.htm http://www.site.de neu.htm

Sie müssen nun lediglich für alle Seiten, die verschoben wurden, einen entsprechenden Eintrag in der htaccess-Datei anlegen. Wurde ein ganzes Verzeichnis verschoben, so können Sie eine entsprechende Weiterleitung mit einer einzigen Zeile erreichen:

redirect 301 /alt http://www.site.de/neu

Suchmaschineneintrag

26. Zu viel Aufwand lohnt nicht

Viele Online-Tools und eine Vielzahl an Programmen bieten einen Eintrag in Suchmaschinen an. Von null bis zu mehreren hundert Euro reicht dabei die Spanne der Kosten für diese Dienstleistung. Und auch die Anzahl bedienter Suchmaschinen variiert von ein paar Dutzend bis hin zu mehreren Hunderttausend.

Wie halbseiden die meisten dieser Angebote sind, wird allein daraus ersichtlich, dass die zehn größten Suchdienste bereits mehr als 95 Prozent Marktanteil abdecken. Die restlichen paar Prozent verteilen sich auf Millionen meist hoch spezialisierter Verzeichnisse. Es ist vollkommen ausreichend, wenn Sie lediglich bei den großen Suchmaschinen Ihre Homepage anmelden. Alle Unterseiten finden Google und Co. dann von selbst.

EINFÜHRUNG:

Zudem gehen Sie mit einer manuellen Anmeldung im Gegensatz zu einer automatisierten Eintragung sicher, dass die Suchmaschine auch wirklich Ihre Site aufgenommen hat

27. Optimierungs-Linke

Statistiken
- *www.webhits.de/deutsch/webstats.ht*

Spezialsuchmaschinen
- *www.klug-suchen.de*
- *www.suchlexikon.de*
- *www.sucharchiv.com*

Suchbegriffe
- *http///metager.de/asso.html*
- *www.suchmaschinentricks.de*
- *http://de.webmasterplan.com*
- *www.keyword-datenbank.de*

Optimierung
- *www.suchmaschinentricks.de*
- *www.suchmaschinenberater.de*
- *www.at-web.de*
- *www.kso.co.uk*
- *www.suchfibel.de*

Google Toolbar
- *http://toolbar.google.comlntl/de*

Web-Kataloge
- *http://de.yahoo.com/*
- *http://web.de*
- *www.allesklar.de*
- *http://dmoz.org*
- *www.bellnet.de*
- *www.sharelook.de*
- *www.suchnase.de*

Robot Exclusion Standard
- *www.robotstxt.org*

Parameter im Dateinamen verstecken
- *www.engelschall.com/pw/apache/rewriteguide/*
- *www.gwerksoft.com/products/isrevi*

Lynx Text-Browser
- *http://lynx.isc.org/release*

Verlinkung
- *www.marketleap.com/publinkpopl*

Quellen für den Umgang mit globalen Suchmaschinen
- *www.searchenginewatch.com*
- *www.webmasterworld.com*
- *www.searchengineforums.com*
- *www.traffick.com*
- *www.alltheweb.com*

28. Externe Links

Haben Sie eine ganz neue Domain, auf die von keiner anderen Seite im Web ein Link gesetzt ist, wird diese Website von vielen Suchmaschinen nicht aufgenommen werden. Bevor Sie also Ihre Website bei den Suchmaschinen anmelden, müssen Sie unbedingt Links von anderen, bereits bekannten Seiten auf Ihre neue Website setzen lassen.

Die Suchmaschinen wehren sich damit gegen Spam-Seiten, deren einzige Aufgabe es ist, in die Suchmaschinen aufgenommen zu werden.

EINFÜHRUNG:

29. Wichtige Web-Kataloge

Dass eine Anmeldung bei Yahoo und Web.de Sinn macht, ergibt sich unmittelbar aus deren Marktanteil. Weniger auffällig ist dies bei den Katalogen Allesklar.de und ODP (http://dmoz.org). Vor allem das ODP (Open Directory Project, ein von unbezahlten Editoren gepflegtes Verzeichnis) wird oft unterschätzt; dabei werden die Daten aus diesem Verzeichnis von Hunderten anderer Websites weltweit benutzt. Der bekannteste ODP-Nutzer ist die Suchmaschine Google, deren Verzeichnis nichts anderes als eine Kopie des ODP darstellt.

Google allein kommt weltweit auf einen Marktanteil von knapp 70 Prozent. Doch auch ein Eintrag in einem kleinen Web-Katalog kann durchaus hilfreich sein, denn des öfteren haben diese kleinen Web-Kataloge einen hohen PageRank-Wert, den sie dann an Ihre Website weiterreichen.

30. Bezahlte Einträge

Genau genommen gibt es keine bezahlten Einträge in Suchmaschinen, sondern lediglich Text-Banner-Einblendungen, die bei ausgewählten Suchanfragen erscheinen. Allerdings sehen manche dieser Text-Banner einem Suchergebnis verblüffend ähnlich. Unerreicht bei dieser zumindest sehr fragwürdigen Art der Darstellung ist die Suchfunktion von T-Online. Hier erscheinen zunächst alle zu dem gesuchten Begriff vorhandenen Einträge von Overture *(www.overture.de)*, dem Pionier dieser Werbeform. Bei einem begehrten Begriff wie „versicherung" bedeutet dies, dass die ersten 37 Plätze an Werbekunden vergeben sind. Erst ab Platz 38 werden die eigentlichen Suchergebnisse der Suchmaschine Fast dargestellt.

Wollen Sie mit einem umkämpften Suchbegriff bei T-Online gefunden werden, bleibt Ihnen nichts anderes übrig, als ebenfalls Kunde bei Overture zu werden.

31. Die robots.txt-Datei

Die Bedeutung der robots.txt-Datei für die Arbeit der wichtigen Suchmaschinen und für den Erfolg einer Seite wird komplett überschätzt.

Viele wissen nicht, dass diese Datei lediglich dazu da ist, einzelne oder alle Robots von bestimmten Verzeichnissen der Website fern zu halten. Robots, die sich an den Robots-Exclusion-Standard halten, lassen sich so etwa von Logfile- oder Bilderverzeichnissen abhalten. Einen Text oder eine Sammlung der wichtigsten Suchbegriffe dort abzulegen bringt Ihnen keinerlei Verbesserungen ein.

Weitere Details zum Robots Exclusion Standard und zu seinem Einsatz in der Praxis finden Sie unter *www.robotstxt.org*.

Datenbanken

32. URL-Problem Fragezeichen

Web-Seiten, die in der URL ein Fragezeichen enthalten, werden von den meisten Suchmaschinen nicht aufgenommen. Google und Fast verzeichnen zwar teilweise auch solche Seiten, allerdings dauert die Aufnahme oft länger, und es ist nicht immer vorhersagbar, welche Seiten aufgenommen werden und welche nicht.

Hintergrund dieser zunächst willkürlich erscheinenden Missachtung solcher Seiten ist die „Angst" der Suchmaschinen, dass die Inhalte einer Datenbank in ganz verschiedenen Kombinationen eingelesen werden. Stellen Sie sich ein PHP-Script vor, das nichts Anderes tut als mehrere Sätze aus einer Datenbank zu lesen und diese auszugeben.

EINFÜHRUNG:

Wenn die Datenbank eintausend verschiedene Sätze enthält und das Script jeweils nur drei solcher Sätze abhängig vom übergebenen Parameter auswählt, so sind damit bereits eine Milliarde unterschiedlicher Seiten möglich. Verständlich, dass Suchmaschinen einen gewissen Respekt davor haben, würde doch ein einziges solches Script bereits ein Drittel der derzeitigen Google-Datenbank füllen.

33. Ersatz-URL statt Fragezeichen

Wenn Ihre Website auf einem Apache-Server mit installiertem modrewrite-Modul läuft, gibt es einen eleganten Weg, das Fragezeichen loszuwerden. Anstelle der URL mit dem Fragezeichen setzen Sie nur noch eine Ersatz-URL ein, die den Parameter im Dateinamen versteckt enthält. Ein Beispiel: Statt

/shop/show.php?id=7234& template=blau

nutzen Sie ab jetzt diese URL:

/shop/1234_blau.htm

Natürlich gibt es diese Datei nicht auf Ihrem Webserver, sodass beim Abruf ein Fehler erzeugt werden würde. Nun aber kommt mod_rewrite ins Spiel. Notieren Sie in der .htaccess-Datei im Verzeichnis /shop diese zwei Zeilen:

RewriteEngine Ort

RewriteRute ^([0-9]+)_([A-z]+)\.htm$

show.php?id=$1&template-$2

Die erste Zeile schaltet das Modul für dieses Verzeichnis ein. Die zweite testet jede angeforderte URL, ob sie dem angegebenen Muster entspricht.

Ist dies der Fall ‚so' wird Server-intern eine andere Seite angefordert, in der Teile aus der ursprünglichen URL als Parameter eingesetzt wurden. Nach außen hin ändert sich dadurch nichts; insbesondere merkt keine Suchmaschine, dass intern doch wieder Daten aus einer Datenbank geholt werden.

Weitere Beispiele und Hilfen zu diesem sehr mächtigen Modul erhalten Sie auf dieser Website:

www.engelschall.com/pw/apache/rewriteguide/

34. Rewrite-Modul für IIS

Als Nutzer des Microsoft-Webservers IIS müssen Sie wegen nwd rewrite nicht neidisch auf die Apache-User blicken. Für den IIS bietet die Firma QwerkSoft einen ISAPI-Filter an, der nahezu die gleichen mächtigen Funktionen bietet wie das Original unter Apache.

IIS Rewrite finden Sie unter der Internet-Adresse *www.qwerksoft.com/products/iisrewrite/*.

Kontrollieren

35. Wie Engines Ihre Site sehen

Viele Websites werden nicht oder nur teilweise von Suchmaschinen aufgenommen, weil die einzelnen Seiten wegen technischer Probleme für die Robots der Suchmaschinen quasi unsichtbar sind. Insbesondere JavaScript führt hier immer wieder zu erheblichen Problemen.

Um zu testen, wie Ihre Website von Suchmaschinen gesehen wird, besuchen Sie die eigene Site mit einem reinen Text-Browser wie etwa Lynx.

EINFÜHRUNG:

Dieser Browser ist unter *http://lynx.isc.org/release/* für verschiedene Betriebssysteme erhältlich. JavaScript ist Lynx genauso fremd wie den Suchmaschinen. Das Gleiche gilt für Flash-Animationen und Text in Grafiken. Zudem zeigt Lynx bei Framesets den hoffentlich vorhandenen „noframes"-Tag an, der von Suchmaschinen mitbeachtet und im Ranking bewertet wird.

36. Position bestimmen

Mit der Freeware RankingReport können Sie schnell und problemlos die Positionen Ihrer Seiten in den wichtigsten Suchmaschinen ermitteln. Geben Sie einfach die zu kontrollierende Domain und den gewünschten Suchbegriff ein und klicken Sie auf „Start". Der Reihe nach werden nun die ausgewählten Suchmaschinen abgefragt, was durch gelbe Kästchen signalisiert wird. Hat die Suchmaschine geantwortet, so verändert sich die Farbe in Grau (kein Treffer) oder Grün (Treffer). Ein rotes Kästchen zeigt einen technischen Fehler an. Meist handelt es sich dabei um eine Zeitüberschreitung.

Sind alle Ergebnisseiten von den Suchmaschinen eingelesen, werden die Detailpositionen der Treffer ermittelt und angezeigt. Ein Klick auf eines der farbigen Kästchen zeigt die von der entsprechenden Suchmaschine zurück gelieferte Ergebnisseite an. Damit können Sie die vom Programm ermittelten Positionen manuell überprüfen.

In der Datei sumas.ini sind die Daten der abgefragten Suchmaschinen gespeichert. Sie können dort weitere Suchmaschinen eintragen beziehungsweise Änderungen vornehmen. Die aktuelle Version dieses Programms wie auch die aktuelle sumas.ini-Datei finden Sie unter *www.suchmaschinentricks.de/software/*.

37. Verweisende Links finden

Oft ist es interessant zu sehen, welche fremden Seiten einen Link auf die eigene Website gesetzt haben. Unter Google bietet sich dabei dieser Befehl an:

link: *www.site.de*

Allerdings werden dabei auch die Links der eigenen Seiten mit angezeigt, was störend sein kann. Außerdem ist es eine Unsitte von Google, nicht alle verweisenen Seiten anzuzeigen.

Deutlich weiter kommt man mit Fast (www.alltheweb.com). Mit der Anfrage *link.domain: www.site.de -url host::www.site.de* werden alle Seiten geliefert, die einen Link auf die Adresse www.site.de gesetzt haben, Seiten von dieser Domain selbst aber werden ausgeblendet. (Diese Kombination von link und site ist bei Google leider nicht möglich.)

38. Viele Seiten verlinken

Will man lediglich wissen, wie viele Seiten auf eine bestimmte Adresse verlinken, so bietet sich die Nutzung eines Online-Tools an.

Unter *www.marketleap.com/publinkpop/* gibt man bis zu vier URLs ein, deren Verlinkung man wissen will. Die Seite liefert nach kurzer Wartezeit die Anzahl der in sechs verschiedenen Suchmaschinen gefundenen verlinkenden Seiten.

39. Logfiles analysieren

Jeder Webserver legt automatisch Logfiles an, in denen eine Reihe äußerst interessanter Daten gespeichert werden. Eine Auswertung dieser

EINFÜHRUNG:

Daten kann viele Hinweise auf weitere Optimierungsmöglichkeiten geben. So sagen Ihnen die Logfiles etwa, mit welchen Suchbegriffen und über welche Suchmaschinen die meisten Besucher auf Ihre Website gekommen sind. Weichen dabei die Anteile der Suchmaschinen wesentlich von den Marktanteilen ab, so ist das ein Hinweis, dass Sie bei einzelnen Suchmaschinen besser vertreten sein könnten. Hier sollten Sie also etwas tun.

Die Analyse der Suchbegriffe, mit denen die Besucher auf Ihre Site finden, gibt Ihnen Aufschluss darüber, ob Sie bei der Auswahl der Suchbegriffe richtig gelegen haben. Außerdem finden sich in der Liste der Suchbegriffe mit Sicherheit viele Suchanfragen, an die Sie bisher noch gar nicht gedacht haben.

40. Analyse-Software

Moderne Logfile-Analyse-Software bietet Ihnen sehr weit reichende Möglichkeiten. So können Sie vergleichen, welche Suchbegriffe die interessiertesten oder kauflustigsten Kunden auf die Site bringen.

Nehmen Sie eine Auswertung der Logfiles vor, in der jeweils nur die Besucher berücksichtigt werden, die mit dem zu untersuchenden Suchbegriff gekommen sind. Wenn Sie dies für alle zu vergleichenden Begriffe tun, können Sie ermitteln, welche Besucher mehrere Seiten lesen oder eine höhere Conversion-Rate erreichen.

Zu den Programmen, die diese Filter bieten, gehören WebTrends und Nettracker. Leider sind beide Programme mit rund 500 Euro nicht eben billig.

Versteckte Seiten entdecken

41. Der eigene UserAgent

Ein alter Trick besonders bemühter Optimierer ist es, Suchmaschinen einen anderen Seiteninhalt anzuzeigen als dem Suchenden. Die dazu notwendige Unterscheidung zwischen „Suchmaschine" und „Mensch" kann, wenn auch nicht zuverlässig, über die UserAgent-Angabe geschehen. Jeder Browser und jeder Suchmaschinen-Robot sendet bei der Kommunikation mit einem Webserver diese Kennung mit. In den meisten Browsern kann diese Angabe nicht verändert werden.

Die aktuellen Versionen von Mozilla stellen hier eine Ausnahme dar: Fügt man in der Datei *prefs.js*, die im Profilverzeichnis von Mozilla abgelegt ist, den Befehl user_pref („Eigener UserAgent"); ein, kann der UserAgent des Browsers beliebig festgelegt werden. Gibt man dabei den UserAgent einer Suchmaschine an, tarnt man sich selbst als Suchmaschinen-Robot. Zumindest nicht sehr versierten Tricksern kann man so auf die Schliche kommen.

Worauf warten Sie noch? Es gibt keine bessere Zeit um in den Suchmaschinen nach oben zu kommen.

Ich wünsche Ihnen viel Spaß und Erfolg mit diesen Kenntnissen.

von Bill Guting

Kurzfristig Geld verdienen im Internet

EINFÜHRUNG:

EINFÜHRUNG:

„Wie Sie kostenlose und kostengünstige Marketing-Methoden nutzen können, um Ihr Geschäft im Internet zu starten oder zu fördern!!"

Von : Bill Guting, Instant Results Marketing Group IRMG)

Lieber Freund und Internetunternehmer-Kollege,

Danke, dass Sie den **„Marketingführer für sofortige Ergebnisse im Geldmachen im Internet**^{TM}**"** gekauft haben. Es wird Sie freuen zu erfahren, dass die neue Ausgabe mit den aktuellsten, „schärfsten" Online-Marketingtechniken und -strategien, die heutzutage zugänglich sind, auf den neuesten Stand gebracht worden ist.

Ich bin 100%-ig sicher, dass Sie nach dem Studium dieses **einfachen, aber kraftvollen Schritt-für-Schritt-SYSTEMS** mit mir einer Meinung darüber sein werden, dass wirklich nichts Vergleichbares auf dem Markt zu finden ist. Ich behalte nichts für mich und gebe die effektivsten, innovativen und einmaligen Tipps, wie Sie es anfangen könnten, online Geld zu machen weiter... nicht nur irgendeinen theoretischen Weg.

Bevor wir beginnen, muss ich Ihnen noch etwas gestehen: Ich hasse Computer... Ich surfe nicht gern im Internet ... und ich bin sicherlich kein Technologie-Freak! In der Tat sehen mich immer noch manche Leute als „Laie", wenn es um Computer oder Internet geht.

Sehen Sie, es ist nicht technisches Genie was Sie im Internet erfolgreich macht.

ES IST MARKETING!

EINFÜHRUNG:

Alles, was ich getan habe, war, einige der Marketingmethoden, die ich in der „Offline-" Welt perfektioniert habe, mit den Top-Strategien, die ich von einem Internet-Marketingmillionär gelernt habe, zu kombinieren, und - siehe da! - nach einigem Testen und Proben ist ein spezifisches Rezept für das Geldmachen im Internet herausgekommen.

Das Marketingsystem, das Sie erlernen werden, hat mir und vielen meiner Geschäftsgenossen eine solide finanzielle Sicherheit gegeben. Und ich weiß - ohne jeden Zweifel - dass es das Gleiche für SIE tun kann!

Es ist **GETESTET**. Es ist **ERPROBT**. Und es ist **EINSATZBEREIT!**

Sie müssen nur bereit sein, es: EINZUSETZEN!

So, wenn Sie also bereit sind, „das Steuer in die Hand zu nehmen" und mit Ihrem **GESCHÄFT, dass Sie starten oder jetzt voranbringen möchten auf die ÜBERHOLSPUR auszuscheren...**

HIER SIND DIE ERSTEN SCHRITTE:

<u>Das Erste was Sie tun sollten</u> ist, dieses Manual (die mit den Händen zu spielende Klaviatur der Tasteninstrumente im Unterschied zum Pedal) **VON VORNE NACH HINTEN** zu lesen - mindestens drei Mal!

Hier wird Ihnen nicht nur Schritt-für-Schritt-Formel für den Online-Erfolg überreicht, sondern Sie bekommen auch SOLIDE GRUNDLAGEN und eine anspruchsvolle Einführung in die Prinzipien des Direktmarketings vermittelt.

Sobald Sie rausgekriegt haben, was bei diesem ganzen Zeug der Clou ist, werden Sie imstande sein, das „Schwarze" der direkten Marketingtechniken für sich zu nutzen, **EGAL, WAS SIE VERMARKTEN!** Und ich denke, Sie werden auch die „Fähigkeit" entdecken, den höchsten **SEELENFRIEDEN** zu personalisieren. So wie es **BEI MIR** war!

EINFÜHRUNG:

Es gibt 5 verschiedene Methoden, die Sie als Muster nutzen sollten und die Sie vereinigen sollten!

Sollten Sie alle simultan nutzen? Nein.

Sie funktionieren alle unabhängig voneinander. Aber es liegt auf der Hand, dass ihre Verdienstmöglichkeiten umso größer sein werden, je mehr sie davon nutzen.

Ich weiß, dass nicht Jedermanns Budget die Nutzung aller dieser Methoden zu gleichen Zeit erlauben wird. Das ist OK. Die gute Nachricht ist, dass sie alle funktionieren. Individuell oder in Kombination.

Gehen Sie so langsam oder in so kleinen Schritten, wie Sie benötigen vor und denken Sie nur daran, Ihre Werbeaktivitäten ständig (pyramidenförmig) in dem Maße zu erweitern, wie Ihr Erlös steigt.

SIE HABEN SO VIEL „FEUERKRAFT" IN IHREN FINGERSPITZEN - Die einzige Möglichkeit zu versagen, besteht darin, es NIE ZU PROBIEREN, MITTENDRIN AUFZUGEBEN oder einfach VERSAGEN ZU WOLLEN!!

Erinnern Sie sich daran, Sie sind hier kein Pionier. Das Internet-Marketingsystem, das Sie in Ihr Unternehmen integrieren wollen, ist bereits getestet und erprobt und hat bereits Hunderten von kleinen, mittleren, neu gegründeten oder von zu Hause gestarteten Unternehmen, zu einer „TURBO-VERBESSERUNG' DES VERKAUFS und zu ANKURBELN DER ANFANGSERGEBNISSE verholfen!

Doch hören Sie selbst, was die "alten Hasen" über unser System zu sagen haben:

SOGAR DIE PROFIS DES DIREKTMARKETINGS

BESTÄTIGEN DIE GROSSE AKZEPTANZ UNSERES SYSTEMS!

„Hervorragender Job! Kein Auftischen von alten Fakten. Ein Volltreffer ins Schwarze.

EINFÜHRUNG:

Vor zwei Tagen haben Shary und ich Ihr Handbuch erhalten. Ich bin ein alter Profi in direkter Werbung mit einigen Auszeichnungen an meiner Wand. Sie haben ein gründliches und ein verständliches Handbuch herausgebracht. Eines der besten die ich je gesehen habe!

Ein Großteil unseres derzeitigen Erfolgs beruht darauf, dass wir die Dinge tun, über die Sie in Ihrem Handbuch sprechen. Ich habe einen ordentlichen Schwung Anregungen aus Ihrem Werk bekommen.... wir werden wahrscheinlich noch dieses Jahr die 6-StellenStratosphäre erreichen. Ihr Jungs bietet einen hervorragenden Service. Weiter so!"

David & Shary Valentine
Rainbow House,
Herausgeber von MAGICAL DEER,
einem Internetnewsletter.

Spannend, oder?

Wie auch immer, lassen Sie uns nicht mehr Zeit verschwenden und fangen Sie an, Ihre eigene **INTERNET MARKETING ERFOLGSSTORY** zu schreiben.

So ... sind Sie bereit, Ihr Unternehmen auf ein ganz neues Level zu bringen? Und anzufangen, Ihr Business auf eine total vorhersehbare und "stressfreie" Weise zu erledigen?

Ich weiß, dass Sie es sind, also lassen Sie uns anfangen!

Nochmals, Gratulation zu Ihrer Initiative und Ihrer Fähigkeit, dies als eine einmalige Gelegenheit zu erkennen, Ihr Business im Internet fördern und wachsen zu lassen, indem Sie **WENIGER - UND NICHT MEHR ARBEITEN !!**

Mit größter Begeisterung,

Bill Guting, IRMG

Marketing Prinzipien

MARKETINGPRINZIP Nr. 1:

**HÖREN SIE AUF ZU VERKAUFEN!!
FANGEN SIE AN EINZUGRENZEN!!!**

Huh?!? Das ist eine verwirrende Nachricht, oder nicht? Und ist es eigentlich nicht das, was wir im Geschäft machen? **UNSERE WARE & UNSEREN SERVICE ZU VERKAUFEN?!?**

Ja, ist es auch. Aber alles, was ich sage, ist: hören Sie auf, an jeden Hans und Franz zu verkaufen, die Ihnen über den Weg laufen!

Zu versuchen, Ihr Produkt jemandem zu vermarkten, bevor Sie überhaupt wissen, ob er Ihre Ware oder Service überhaupt haben will oder braucht, ist eine äußerst **FRUSTRIERENDE** Weise, Geschäfte anzugehen. Es ist ein „ankicken und verfehlen", also „Schrotflinten"-Marketing.

Es ist verschwenderisch, zeitraubend, ermüdend und teuer. Aber warum betreiben die meisten Leute Marketing auf diese Weise? Gute Frage. Ich denke es ist das, was man den meisten Leuten beigebracht hat.

Wenn ich einem Klienten die Frage stelle „**Wer ist Ihr Zielmarkt?**", viele, viele Male bekomme ich dieselbe Antwort: „**Ich weiß nicht - JEDER! Mein Produkt soll die Massen anziehen.**" Ich zucke jedes Mal zusammen, wenn ich das höre.

Diesen „jeden" zu suchen, ist eine schrecklich teure Methode, zu vermarkten.

Abgesehen davon, wissen Sie, wer wirklich SCHULD an so einer Einstellung zum Marketing ist? Jede Menge Anwender von Multi-Level-Marketing-Systemen.

Ich kenne viele, die **JEDEN, JEDERZEIT UND ÜBERALL** ansprechen werden - unabhängig davon, ob die Person auch nur das geringste bisschen Interesse zeigt oder nicht.

Ich bewundere diese Hartnäckigkeit, aber MENSCH! Das ist doch wohl der härteste Weg, um ins Geschäft zu kommen! Und verdammt frustrierend dazu.

Wenn Sie auf dem gleichen Weg sind, dann ist das Einzige, was ich Ihnen dazu sagen kann, dass Sie vielleicht eine bessere, etwas geplantere und stressfreie Methode fürs Geschäft in Erwägung ziehen sollten.

Lassen Sie mich erläutern...

Erinnern Sie sich ... der heutige Konsument WILL NICHT, dass man ihm etwas verkauft. Aber... er hat nichts dagegen, **WEITER GEBILDET ZU WERDEN!**

Und jetzt, was wenn ... die Leute Ihr Produkt oder Service WOLLEN oder wirklich BRAUCHEN?
Das ist der erste HAUPTPUNKT...

> **VERSCHWENDEN SIE KEINE MINUTE IHRER ZEIT FÜR WEITERBILDUNG ODER MARKETING AN JEMANDEN, SOLANGE ER ALS POTENZIELLER KUNDE NICHT ZUERST SEINE HAND GEHOBEN HAT!!**

Und wie machen die Leute das? Einfach. Indem sie auf Ihre Marketingmitteilung geantwortet haben... oder indem sie auf Ihren Anrufbeantworter sprechen... oder indem sie Ihren Faxabruf nutzen... oder indem sie Sie direkt anrufen, bevor sie eines von den anderen Dingen tun... oder indem sie Ihnen per Post eine Antwort schicken.

Haben Sie verstanden? Lassen Sie den potenziellen Kunden ZU-ERST Ihnen sagen: „Ja! Ich interessiere mich für das, was Du hast und ich möchte mehr darüber hören."

BINGO! Jetzt haben Sie einen **GEEIGNETEN ZIELKUNDEN.** Jetzt können Sie mit der **WEITERBILDUNG** Ihres potenziellen Kunden anfangen.

Sehen Sie, wenn Sie sich auf die Kommunikation nur mit den potenziellen Kunden, die ZUERST ihre Hand angehoben haben, konzentrieren, und wenn Sie sich wirklich darauf konzentrieren, diesen Kunden die **verlockenden VORZÜGE** Ihres Angebots lebendig und in allen Farben zu beschreiben - dann müssen Sie kaum noch irgend etwas im persönlichen Verkauf tun!

Wenn Sie ein passables MARKETINGSYSTEM haben, das **FÜR SIE VERKAUFT**, wird ein potenzieller Kunde, der zuerst seine Hand angehoben hat, **VON ALLEIN KAUFEN** - die meiste Zeit!!

Sehen Sie, ein **VOLL ZÜNDENDES, SCHLÜSSELFERTIGES MARKETINGSYSTEM** - wie das, das Sie in der Hand halten - kann Ihre potenziellen Kunden dazu bringen, zu...

90 % - 100 % ZU KAUFEN -
SOGAR VOR DEM ERSTEN KONTAKT MIT IHM!!

Dass es das für Sie tun kann, hat unser **MARKETINGSYSTEM FÜR SOFORTIGE ERGEBNISSE**™ schon BEWIESEN. Alles, was Sie tun müssen, ist es: **IN BEWEGUNG ZU SETZEN!**

Jetzt sollten Sie aufgeregt sein. Denn sobald Sie am eigenen Leib erfahren wie „einfach" es ist, mit einem **VOLL ZÜNDENDEN, SCHLÜSSELFERTIGEN MARKETINGSYSTEM** zu arbeiten, werden Sie die gleiche Einstellung dazu bekommen, was auch immer Sie vermarkten!

MARKETINGPRINZIP Nr. 2:

SCHLAGZEILEN SIND ZU 90% FÜR DEN ERFOLG ODER MISSERFOLG IHRER MARKETINGBOTSCHAFT VERANTWORTLICH!

Sobald Sie mich näher kennen lernen, werden Sie feststellen, dass es so aussieht, als ob ich IMMER nur über Schlagzeilen rede. Ich tue es wirklich!

Und das aus einem guten Grund. Eine kräftige, „gleich in die Augen knallende" Schlagzeile ist zu mehr als 90% für den Erfolg oder Misserfolg Ihrer Marketingbotschaft **verantwortlich**.

Das ist richtig. Mehr als 90%!! Es ist entscheidend. Und damit wert, es zu meistern.

Es ist so wichtig, dass ich sogar überlegt habe, einen eigenen Newsletter der „feinen Art des Schreiben von atemberaubenden Schlagzeilen" zu widmen. Wer weiß? Vielleicht eines meiner Zukunftsprojekte.

Wie auch immer, lassen Sie mich Ihnen die folgende Regeln mit auf den Weg geben.

FÜNF REGELN FÜR DIE KREIERUNG VON SCHLAGZEILEN:

Regel Nr. 1:

Versuchen Sie in jeder Schlagzeile, die Sie schreiben, auf ECHTE BEDÜRFNISSE einzugehen. Mit anderen Worten, konzentrieren Sie sich auf **VORTEILE, VORTEILE, VORTEILE!**

Zeigt Ihr Produkt, Service oder die angebotene Verdienstmöglichkeit wie man:

- Geldsorgen für immer los wird?
- in einem Monat mehr Anfragen bekommt als die meisten anderen im ganzen Jahr?
- einem Arbeitsuchenden, wie man einen Job in wenigen als 30 Tagen bekommt - Garantiert!
- das Gedächtnis in einem Abend verbessert?
- Kaltakquisition und Haustürverkauf abschaffen kann?
- Akne in 48 Stunden oder weniger los wird?
- die eigene Energie verdreifacht und den Körper in einen fettverbrennenden Ofen umfunktioniert?
- die „Leidenschaft" in Ihr Liebesleben wieder zurückbringt?
- sich wieder wie ein „Teenager fühlen" kann?

Können Sie sich jetzt vorstellen, wie es geht? Konzentrieren Sie sich auf Ihren "saftigsten" Vorteil – dann heben Sie ihn in Ihrer Schlagzeile hervor!

Regel Nr. 2:

Versuchen Sie Ihre Schlagzeile als **NEUIGKEIT** zu formulieren.

Haben Sie ein neues Produkt? Oder eine neue Anwendung für ein bereits existierendes Produkt? Eine neues Marketingverfahren oder ein -System? Die Leute wollen etwas darüber hören, was neu ist, was verbessert wurde, was anders ist, usw.

Regel Nr. 3:

Wenn Sie können, spritzen Sie NEUGIER in Ihre Schlagzeile. Das sollte ein <u>TEIL Ihrer Schlagzeile</u> sein und nicht ein allein stehendes Element.

Das passiert nämlich viel zu oft. Schauen Sie in irgend ein berühmtes Magazin, Zeitung oder Banner-Anzeige im Internet und Sie werden eine Werbung nach der anderen sehen, die nur auf Neugier und nichts anderes in der Schlagzeile abzielen und versuchen damit eine Antwort zu bekommen.

Manchmal funktioniert das, aber in den meisten Fällen versagt es oder das Ergebnis ist nur durchschnittlich.

Denken Sie nur daran, wenn Sie Neugier nutzen wollen, stellen Sie sicher, dass Sie sie mit dem Hauptvorteil und der Neuigkeit Ihres Angebots kombinieren.

Regel Nr. 4:

Halten Sie Ihre Schlagzeilen **POSITIV**. Vermeiden Sie, wenn es nur irgend geht, dunkle, hoffnungslose oder negative Töne.

Der erste Titel von Dale Carnegie für sein berühmtes Buch lautete ungefähr: Wie man eine gute Ehe ruinieren kann.

Es war ein Flop.

Sein zweiter Versuch war:

Wie man Freunde gewinnt.
Die Kunst beliebt und einflussreich zu werden.

Marketing Prinzipien

Sie kennen diesen Titel doch oder nicht? Er ist eine der grandiosesten Schlagzeilen aller Zeiten, die dafür gesorgt hat, Millionen und Abermillionen von Carnegies Buch zu verkaufen.

Nicht vergessen, **Sie sind ein Problemlöser**. Und die meisten von Ihren potenziellen Kunden wollen positive Lösungen für ihre Probleme.

Regel Nr. 5:

Wenn Sie können, weisen Sie darauf hin, dass „**hier ein schneller und einfacher Weg**" für Ihren Kunden ist, mit dem er/sie bekommen kann, was er/sie will. In anderen Worten, eine "MAGISCHE PILLE oder eine PATENTLÖSUNG".

Seien Sie hier aber vorsichtig. Es ist einfach mit diesem Mittel der „magischen Pille" eine Bauchlandung zu machen. Achten Sie darauf, dass alles, was Sie behaupten, **GLAUBWÜRDIG** ist.

Wenn ein Angebot wie „zu gut um wahr zu sein" klingt, bleiben die Antworten manchmal aus.

Lassen Sie uns das Ganz am Beispiel einer Schlagzeile, die ich bei einem meiner früheren Projekte genutzt habe, prüfen.

Hier ist es...

> SIE KOMMT: DIE ERSTAUNLICHE NEUE TECHNIK, MIT DER SIE ARBEITGEBER DAZU BRINGEN, SIE ANZURUFEN UND IHNEN DEN JOB ANZUBIETEN, DEN SIE HABEN WOLLEN - IN 30 ODER WENIGER TAGEN - GARANTIERT!!

Was denken Sie? Hat es zu allen den 5 Regeln gepasst? Lassen Sie uns sehen...

Nr. 1) Nannte sie Vorteile für den Leser?
   Ja. „Bekomme Job in 30 oder weniger Tagen"

Nr. 2) Verspricht sie Neuigkeiten?
   Wieder ja. Die Formulierung: „Sie kommt"

Nr. 3) Macht sie neugierig?
   Ohne Zweifel - "erstaunliche neue Technik"

Nr. 4) Ist sie positiv? - Ich denke schon.

Nr. 5) Weist die Schlagzeile auf eine schnelle und einfache Lösung hin?
   Ich denke, die meisten Jobsuchenden würden einen Job in 30 oder weniger Tagen als schnelle und einfache Lösung ansehen, oder nicht?

Hier haben Sie es. Denken Sie daran und nutzen Sie diese 5 goldenen Regeln... und dann schauen Sie zu, wie Ihr Geschäft explodiert!

Übrigens, was glauben Sie hat die obere Schlagzeile gebracht?

Ich habe einen GRUND, diese Regeln **GOLDENE** zu nennen. So lassen Sie mich nur sagen, sie erzeugte einen „**Erdrutsch an Aktivitäten**"!!

Hier der Abdruck eines Artikels aus einer speziellen Ausgabe unseres „Marketingsystem für sofortige Ergebnisse"-Newsletters...

WIE MAN SCHLAGZEILEN SCHREIBT, DIE VERKAUFEN !!!

Von Bill Guting

Lassen Sie mich die Wichtigkeit und, ich denke auch die Empfindlichkeit von Schlagzeilen illustrieren...

Es war einmal eine Kampagne vor vielen Jahren, mit einer Schlagzeile die die werbende Firma regelmäßig nutzte. Die Schlagzeile war...

BRINGEN SIE MUSIK IN IHR LEBEN!

Eine Zeitschrift hat einmal einen Fehler gemacht und die Annonce wie folgt gedruckt...

BRINGT MUSIK IN IHR LEBEN!

Haben Sie gerade den Unterschied erfasst?

Es ist nur eine Änderung in einem Wort. Nein, eigentlich **IST ES EINE ÄNDERUNG IN 2 BUCHSTABEN!**

Es ist das erste Wort. Die Zeitschrift hat „BRINGT" anstatt „BRINGEN SIE" gedruckt.

Die Ergebnisse? Hören Sie zu: Diese zwei Buchstaben **STEIGERTEN DIE ANTWORTEN UM 300%!!!**

Das ist die **KRAFT**... und das ist die **EMPFINDLICHKEIT** von Schlagzeilen. Es ist es wert, das zu beherrschen, was denken Sie?

Bevor wir weiter machen lassen Sie mich Ihnen eine Frage stellen: Warum, denken Sie, haben Leute mehr auf „ES BRINGT" als auf „BRINGEN SIE" reagiert?

Hier sind meine Überlegungen dazu: „Bringen Sie" beinhaltet Arbeit. „Es bringt" hört sich an, als sie für einen gemacht würde. Eine „Patentlösung", wenn man es genau nimmt.

Und es lohnt, sich das ständig ins Gedächtnis zu rufen. Immer wenn Sie Ihr Produkt oder Service als eine Art von „magischer Pille" positionieren können, die **SOFORT** einen Vorteil fast ohne oder mit nur sehr wenig Anstrengung bringt - dann haben Sie eine passable Chance Ihre Kampagne in einen Sensationshit umzuwandeln!

> Leute wollen **SOFORTIGE ANTWORTEN. . . SOFORTIGE BEFRIEDIGUNG. . . SOFORTIGE LÖSUNGEN.** Geben Sie ihnen, was sie wollen und Sie werde **IHRE KONKURRENZ IM STAUB HINTER SICH LASSEN!**

Ok., lassen Sie uns weiter machen ...

Was ich Ihnen jetzt vorzuschlagen werde, mag verrückt klingen oder sogar ein bisschen dämlich Halten Sie trotzdem durch und lesen Sie weiter.

Haben Sie schon einmal den „The National Enquirer" gelesen? Oder den „Globe"? Oder eines der anderen so genannten Boulevardmagazine?

Ich weiß, die meisten von Ihnen werden sagen: "NIEMALS! Ich bin zu vornehm, um solchen Müll zu lesen."

Ach, kommen Sie... haben Sie sich nicht zumindest **EINMAL** dabei ertappt, dass Sie in die Magazine starren, zum Beispiel, wenn Sie brav an der Kasse im Supermarkt warteten? Ich schon. **IMMER!**

Und wissen Sie was? JEMAND KAUFT DIE BLÄTTER! Jemand wie 18 Millionen Leute jede WOCHE!! Und es sind nicht alles Hausfrauen.

Was zwingt Leute dazu, sie zu kaufen??? Na was wohl! Es sind die unerhörten, oft verrückten, manchmal unglaublichen Schlagzeilen.

Denken Sie darüber nach. Sie mögen verrückt klingen, aber sie **FESSELN IHRE AUFMERKSAMKEIT**, nicht wahr?

Vergessen Sie nicht, sie fesseln die Aufmerksamkeit von 18 Millionen Leuten **JEDE EINZELNE WOCHE!**

DAS ist es, warum Sie den „Globe" oder hier in Deutschland die „Bild-Zeitung" kaufen sollten. Studieren Sie die Schlagzeilen. Sehen Sie, ob Sie eine Variation davon für Ihre eigene Kampagne nutzen können.

Lesen Sie Anzeigen. Dies ist teuerste Werbeform, die Sie kaufen können. Wenn eine Anzeige ununterbrochen, Woche für Woche läuft, dann **MUSS sie gut funktionieren**.

Studieren Sie diese siegreichen Anzeigen. Nutzen Sie sie als Wegweiser bei der Kreierung Ihrer eigenen siegreichen Kampagnen.

Marketing Prinzipien

Lassen Sie uns das Thema abschließen, indem wir 3 der erfolgreichsten Schlagzeilen aller Zeiten studieren.

Nr. 1) WIE MAN FREUNDE GEWINNT. DIE KUNST BELIEBT UND EINFLUSSREICH ZU WERDEN.

Diese einfache Schlagzeile hat Millionen und Millionen von Dale Carnegies gleichnamigem Buch verkauft. Was war es, was sie so gut funktionieren ließ? Die Worte „Wie man". Das sind zwei der stärksten Worte, die Sie überhaupt in einer Schlagzeile nutzen können!

Nr. 2) SIE HABEN GELACHT ALS ICH MICH ANS KLAVIER GESETZT HABE – ABER ALS ICH ANGEFANGEN HABE ZU SPIELEN...!

Zwei Dinge, die man sich merken sollte. Diese Schlagzeile funktioniert, weil fast jeder mit einem Unterdrückten sympathisiert. Es trifft den richtigen Ton bei einer Menge Leute.

Der zweite Grund, wieso diese Schlagzeile funktioniert, ist, dass sie damit spielt, dass wir alle gern „angeben" oder „beeindrucken" zumindest ab und zu, nicht wahr?

Nr. 3) KOSTENLOSES BUCH - VERRÄT IHNEN 12 GEHEIMNISSE FÜR EINE BESSERE RASENPFLEGE.

KOSTENLOS ist und bleibt wahrscheinlich für immer das absolut schlagkräftigste, die meiste Aufmerksamkeit weckende Wort im Marketing. Wenn Sie etwas **KOSTENLOS** anbieten - sei es ein **KOSTENLOSER BERICHT**, eine **KOSTENLOSE BERATUNG**, ein **KOSTENLOSES** PROBEANGEBOT, usw. - ist es gar keine schlechte Idee, es in Ihrer Schlagzeile groß heraus zu bringen.

Das wäre es mit den Schlagzeilen. Wir haben gerade über gutes Zeug geredet.

Aber lassen Sie es nicht hier enden. Machen Sie mit dem Studieren erfolgreicher Schlagzeilen weiter und Sie werden die finanzielle Belohnung viele, viele Male wieder ernten! (Ende)

Copyright 1997 - IRMG

Alle Rechte vorbehalten

Hier der Abdruck eines Artikels aus einer ausgefeilte Ausgabe unseres „Marketingsystem für sofortige Ergebnisse"-Newsletters

5 SIEGREICHE FORMELN FÜR DAS SCHREIBEN VON GRANDIOSEN SCHLAGZEILEN

Von Bill Guting

Hier sind wir wieder mit einem regelmäßigen Artikel zum Thema "Wie man eine Schlagzeile schreibt, die ins Auge fällt".

Was denken Sie? Gibt es Formeln oder Rezepte für das Schreiben von Schlagzeilen?

Wetten Sie, dass es die gibt! Eigentlich verwenden die besten Werbetexter im Land gewöhnlich "schon geprüfte", "siegreiche" Schlagzeilen-Rezepte, wann immer sie eine so genannte "neue" Schlagzeile schreiben.

Macht Sinn, oder? Warum das Rad neu erfinden? Und wenn es die Top-Profis machen, warum sollten wir es nicht auch?

Lassen Sie uns einige siegreichen Rezepte anschauen.

Nr. 1) Beginnen Sie Ihre Schlagzeile mit der Einführung wie „Aktuelle Meldung...." oder „Sie kommt, die neue..." oder „Wir stellen vor..." oder „Bekanntmachung...".

Wir alle lieben Neuigkeiten. Und eines der Dinge, wonach Ihr Kunde und/oder potenzieller Kunden immer fragt ist „Was gibt es Neues?". Ja, solche eine Einleitung verspricht DIREKTE Antworten auf diese Frage und bekommt somit jede Menge Aufmerksamkeit von den Lesern.

Marketing Prinzipien

Aktuelle Meldung: Erstaunliche neue Telefonanlage die ..

Wir stellen vor: Eine großartige neue Methode, mit der man sein Lebensunterhalt von zu Hause verdienen kann ... mit einer Arbeitszeit von 2-3 Stunden täglich!

Nr. 2) Fangen Sie Ihre Schlagzeile mit dem Wort „NEU" an.

Diese Formel ist eigentlich das gleiche wie die Formel Nr. 1). Es gibt Ihren Schlagzeilen die Qualität einer Bekanntmachung und einen Beigeschmack von Neuigkeit.

Neue Marketingmethode macht Schluss mit dem Haustürverkauf in Ihrem Verkaufsgebiet!

Nr. 3) Bringen Sie ein KOSTENLOSES Angebot heraus.

Kostenlos ist, und wird es wahrscheinlich für immer bleiben, das einflussreichste 9-Buchstaben-Wort im Marketing. Und im Internet arbeitet es besonders gut.

Etwas zu verschenken, um Ihren Wert zu bestätigen, ist wahrscheinlich die „bombensicherste" Strategie, die zu künftigen Verkäufen oder Vertragsabschlüssen führt. Nutzen Sie sie in so vielen Variationen wie möglich.

- Kostenlose Reporte
- Kostenlose Newsletter
- Kostenlose Beratung
- Kostenlose Ferien

Nr. 4) Fangen Sie Ihre Schlagzeile mit den Worten „Wie man" an.

Dies sind zwei der kräftigsten Eröffnungswörter, die Sie je in einer Schlagzeile nutzen können.

Sie zielen wirklich auf einen potenziellen Kunden ab und versetzen Sie in die Lage, einen „bombensicheren" Vorteil zu liefern.

- Wie man Freunde gewinnt. Die Kunst beliebt und einflussreich zu werden.

- Wie man reich in Rente geht und das in den nächsten 6-12 Monaten!

- Wie man einen Minderwertigkeitskomplex los wird

Nr. 5) Richten Sie Ihre Schlagzeile auf eine spezifische Person oder Gruppe aus

Diese Art von Schlagzeilen bringt gleich zwei wichtige Vorteile mit sich. Erstens erfasst sie Ihre potenziellen Kunden wie ein Laserstrahl. Zweitens erlaubt sie Ihnen, eine Lösung anzubieten, die nahe am Herzen Ihres potenziellen Kunden liegt.

> An 30.000-Dollar-Verdiener, die gerne
> 60.000 Dollar machen würden.

> An alle frustrierten Vermarkter, die
> nach dem Geheimrezept suchen,
> wie man den ganz großen Coup landet.

Wissen Sie, was das größte an Rezepten ist? Jede Menge davon wird tatsächlich immer funktionieren! So wie „Wie man" und „Bekanntmachung" oder „Wir stellen vor".

Ich denke, diese beiden Formeln werden auch in 50 Jahren noch so schlagkräftig sein wie heute.

So ... lernen Sie sie auswendig, nutzen Sie sie, und fangen Sie an, damit Gewinn zu kassieren!!

Hier der Abdruck eines Artikels aus einer weiteren Ausgabe unseres „Marketingsystem für sofortige Ergebnisse"-Newsletters ...

5 WEITERE „ZÜNDENDE", „BOMBENSICHERE", SIEGREICHE FORMELN FÜR DAS SCHREIBEN VON GRANDIOSEN SCHLAGZEILEN!

Von Bill Cuting

Das Arbeiten mit siegreichen "Formeln" - speziell für Schlagzeilen - ist der "bombensicherste" Weg für eine Marketingkampagne die EXPLOSIVE ERGEBNISSE BRINGT!

Das ist eine anspruchsvolle Sache. Was dieses Thema angeht, habe ich "das Beste bis zum Schluss aufbewahrt"!

Hier sind 5 WEITERE SIEGER zum Studieren, zum Darauslernen, und - was das wichtigste ist - zum NUTZEN:

Nr. 1) Nutzen Sie Formulierungen, die Eigenschaften einer Bekanntmachung haben

Nicht vergessen, Menschen interessieren sich für Neuankündigungen. Wir alle wollen wissen, was das Neueste und das Großartigste ist, nicht wahr?

Beispiele:

- AKTUELLE MELDUNG ... 64-JÄHRIGE ASIATIN, DIE ALS „LÜGNERIN" BESCHULDIGT WURDE ALS SIE IHR ALTER ANGEGEBEN HAT (SIE SIEHT EHER AUS ALS 32!) ENTHÜLLT IHRE SCHÖNHEITSGEHEIMNISSE IN UNSEREM BUCH DES MONATS!

Marketing Prinzipien

- WIR STELLEN VOR . . . EIN BRANDNEUES MARKETINGSYSTEM DAS IHR ARBEITSPENSUM AUF DIE HÄLFTE REDUZIERT, ABWEISUNG IHRER VERKAUFSANRUFE VERMEIDET UND DIE NOTWENDIGKEIT, EINEM KUNDEN NACHZUJAGEN, SO GUT WIE AUS DER WELT SCHAFFT!

- WIR STELLEN VOR: Die NEUE „brünett" Barbie-Puppe!

Nr. 2) Fangen Sie Ihre Schlagzeile mit dem Wort "Endlich" an

Großartiges Wort! Es vermittelt den Eindruck, dass jede Menge Leute sehr lange auf das Produkt gewartet haben. Es klingt auch danach, dass man sehr viel Vorbereitung hinein gesteckt hat, oder? Dies sind wirklich wichtige Elemente zur Erzeugen von SOFORTIGER AUFMERKSAMKEIT.

Hier sind einige Beispiele:

- Endlich! Batterien, die Sie nie mehr wegwerfen müssen!

- Endlich - Künstlicher Weihnachtsbaum, der wie ein echter aussieht, sich so anfühlt und sogar so riecht !

- Endlich! Erfolgssichere Geschäftsidee! Selbstläufer mit 12-Monats-Garantie! Ihre Anfangsinvestition werden sie mind. 3fach übertreffen! Falls nicht - Geld doppelt zurück!

Nr. 3) Schreiben Sie ein Datum in Ihre Schlagzeile!

Ein Datum vermittelt einen Eindruck von DRINGLICHKEIT und WICHTIGKEIT.

Beispiele:

- Verdienen Sie bis 15. Dezember 2.500 Dollar extra und fangen Sie jetzt schon an, die besten Weihnachten Ihres Lebens zu planen!

- Kommen Sie in unser Geschäft am 20. März - Tag der offenen Tür! Zwischen 12.00 und 18.00 Uhr bekommen 25% Nachlass auf alles, was Sie bei uns kaufen!!

- Bis 15.September die spanische Sprache erlernen!

Nr. 4) Fangen Sie Ihre Schlagzeile mit dem Wort „Wie" an

Das ist eines meiner Lieblingsworte in einer Schlagzeile. Wir alle wollen lernen, „wie" ein Produkt oder Service uns helfen kann, unser Leben zu verbessern!

- Wie Sie 25 Jahre wertvoller Erfahrung nutzen können - wie man ein profitables Restaurant in San Francisco führt - für nicht mehr als eine Einladung zum Essen!

- Wie sich eine verzweifelte, einsame, depressive Hausfrau mit 40 Pfund Übergewicht in ein energisches Kraftbündel verwandelt hat, und nicht mehr wiegt, als an ihrem Hochzeitstag!

- Wie 1 Dollar pro Tag Ihren Körper in eine fettverbrennende Maschine verwandeln kann und Ihre Energie zum Himmel aufsteigen lässt!

- Wie ich es aus der totalen Pleite zu einem Einkommen von 4.659,31 Dollar alle 17 Tage geschafft habe!

Nr. 5) Fangen Sie Ihre Schlagzeile mit dem Wort „gesucht wird" an.

Eine der größten je geschriebenen Schlagzeilen war:

Marketing Prinzipien

- **GESUCHT: IHRE DIENSTE ALS HOCHDOTIERTER IMMOBILIENSPEZIALIST**

Warum ist GESUCHT so ein zwingendes Wort? Zuallererst weckt es Neugier. Was wird gesucht? Wer wird gesucht? Wir sind alle neugierig.

Zweitens suggeriert es, das es eine große Nachfrage gibt.

Hier ein Paar andere Beispiele:

- Gesucht! Manager der mittleren Klasse, die mehr vom Leben wollen als die tägliche Routine!

- Gesucht wird eine attraktive Frau mittleren Alters für das Vorführen von anspruchsvollen neuen Designerkollektionen für Gesellschaftskleidung.

PACKEN WIR ES AN!

O.K., somit kommen wir zum Schluss diese Ausgabe. War es nicht ein gutes Thema?

Ich habe Ihnen jede Menge Munition in dieser Angelegenheit gegeben, also ziehen Sie den Nutzen daraus oder lernen Sie davon so viel wie Sie nur können. Bringen Sie sich selbst JETZT in die Position, das nächstes Jahr Ihr **BESTES JAHR ALLER ZEITEN** werden zu lassen!

SIE VERDIENEN DAS BESTE !

Danke nochmals für die Gelegenheit, mit Ihnen einige Ideen zu teilen. Ich freue mich auf unser nächstes Treffen im Januar!

Mit größter Begeisterung,

Bill Guting
Instant Results Marketing Group (IRMG)

DIE 100 BESTEN SCHLAGZEILEN ALLER ZEITEN

Immer, wenn ich einen „umwerfenden", „Klopf sie alle weich"-Typ von Schlagzeilen schreiben soll, schaue ich gewöhnlich ZUERST in meine Liste der „100 besten Schlagzeilen aller Zeiten". Machen Sie das gleiche und ich verspreche Ihnen …

DIE IDEEN FÜR EINE SCHLAGZEILE WERDEN NUR SO AUS IHNEN HERAUS-SPRUDELN!

HIER IST DIE LISTE:

1. DAS GEHEIMNIS, LEUTE WIE SIE ZU MACHEN
2. EIN KLEINER FEHLER, DER EINEN BAUERN 3.000 DOLLAR JÄHRLICH KOSTET
3. RATSCHLAG FÜR HAUSFRAUEN, DEREN EHEMÄNNER KEIN GELD SPAREN – VON EINER FRAU
4. DAS KIND, DASS ALLE HERZEN EROBERTE
5. BRINGEN SIE AUCH AUF PARTIES KEINEN TON HERAUS?
6. WIE EINE NEUE ENTDECKUNG EIN EINFACHES MÄDCHEN IN EINE SCHÖNHEIT VERWANDELTE
7. WIE MAN FREUNDE GEWINNT. DIE KUNST BELIEBT UND EINFLUSSREICH ZU WERDEN.
8. DIE LETZTEN ZWEI STUNDEN SIND DIE LÄNGSTEN – UND DAS SIND DIE 2 STUNDEN, DIE SIE SICH SPAREN KÖNNEN
9. MÖCHTEN AUCH SIE DIE FIGUR EINES FILMSTARS HABEN?
10. MACHEN SIE DIESE FEHLER IM ENGLISCHEN?

11. WARUM MANCHE LEBENSMITTEL IN IHREM MAGEN „EXPLODIEREN"

12. HÄNDE, DIE SCHON NACH 24 STUNDEN ZARTER AUSSEHEN – ODER SIE BEKOMMEN IHR GELD ZURÜCK

13. SIE KÖNNEN ÜBER GELDSORGEN LACHEN – WENN SIE DIESEM EINFACHEN PLAN FOLGEN

14. WARUM MANCHE LEUTE FAST IMMER AN DER BÖRSE GELD VERDIENEN

15. WAS ÄRZTE TUN, WENN SIE SICH SELBST KRANK FÜHLEN

16. UNGLAUBLICH, ABER WIR KÖNNEN DIESE SIGNIERTEN ORIGINAL-RADIERUNGEN FÜR NUR 5 DOLLARS PRO STÜCK ANBIETEN

17. FÜNF BEKANNTE HAUTPROBLEME – WELCHES DAVON VOLLEN SIE BESIEGEN?

18. WELCHEN DIESER BESTSELLER FÜR 2,50 BIS 5 DOLLAR WOLLEN SIE HABEN – FÜR NUR 1 DOLLAR PRO STÜCK?

19. WER HAT JEMALS VON EINER FRAU GEHÖRT, DIE ABNIMMT - UND ZUGLEICH 3 KÖSTLICHE MAHLZEITEN AM TAGGENIESST?

20. WIE ICH MEIN GEDÄCHTNIS AN EINEM EINZIGEN ABEND VERBESSERTE

21. ENTDECKEN SIE DAS VERMÖGEN, DAS IN IHREM GEHALT STECKT

22. ÄRZTE HABEN ES BESTÄTIGT: ZWEI VON DREI FRAUEN KÖNNTEN VIEL SCHÖNERE HAUT HABEN – IN NUR 14 TAGEN

23. RICHTIGE UND SCHLECHTE LANDWIRTSCHAFTLICHE METHODEN – UND EINFACHE MASSNAHMEN, DIE IHREN GEWINN ERHÖHEN

Marketing Prinzipien

24. NEUER GESCHMACKSVERFEINERER FÜR KUCHEN BRINGT IHNEN EINE MENGE KOMPLIMENTE!

25. STELLEN SIE SICH MICH VOR … WIE ICH DAS PUBLIKUM FÜR 30 MINUTEN LANG VERZAUBERE

26. DAS IST MARIE ANTOINETTE – IHREM TOT ENTGEGEN REITEND

27. HABEN SIE SCHON EINMAL EIN "TELEGRAMM" VON IHREM HERZEN GESEHEN?

28. AB JETZT KANN JEDE AUTOREPARATUR FÜR SIE EIN LEICHTES SPIEL SEIN

29. NEUES SCHAMPOO MACHT IHRE HAARE FEINER UND LEICHTER FRISIERBAR

30. IST ES NICHT EINE BLAMAGE, DASS SIE KEIN GROSSES GELD VERDIENEN – WENN DIESER MANN ES SO EINFACH SCHAFFT?

31. SIE HABEN NOCHIE SOLCHE BRIEFE GESEHEN, WIE SIE HARRY UND ICH ÜBER UNSERE BIRNEN BEKOMMEN HABEN

32. TAUSENDE, DIE GEDACHT HABEN, SIE KÖNNTEN ES NIE, SPIELEN JETZT MIT

33. EINZIGARTIGE NEUE ENTDECKUNG BESEITIGT SCHNELL KÜCHENGERÜCHE – UND MACHT DIE INNENLUFT FRISCH WIE AUF DEM LANDE!

34. MACHEN SIE DIESEN 1-MINUTE-TEST – MIT EINER ERSTAUNLICHEN NEUEN RASIERCREME

35. SIE KOMMT … DIE NEUE EDITION UNSERERENZYKLOPÄDIE! HIER MACHT ES SPASS, NEUES ZU ERFAHREN!

36. UND WIEDER BESTELLT SIE … "EINEN HÄHNCHENSALAT, BITTE"

37. FÜR DIE FRAU, DIE ÄLTER IST ALS SIE AUSSIEHT

38. WO KÖNNENSIE EINEN GUTEN GEBRAUCHTWAGEN BEKOMMEN?

39. PROBIEREN SIE DIE FIGUR AUS, DIE SIE HABEN WOLLEN

40. SIE WERDEN IHR LAGER LEER VERKAUFEN – ODER ICH JAGE SIE AUS DEM LAND!

41. HIER IST EIN SCHNELLER WEG, IHRE ERKÄLTUNG LOSZUWERDEN

42. AUF JEDEN MANN WARTET BEREITS EINE ANDERE FRAU – UND DIE IST CLEVER GENUG, MORGENS KEINEN MUNDGERUCH ZU HABEN

43. DIESER KUGELSCHREIBER „RÜLPST" BEVOR ER TRINKT – ABER NIE HINTERHER

44. WENN SIE 200.000 DOLLAR HÄTTEN – WÜRDEN SIE DANN NICHT GENAU DIESES (Produkttyp aber kein Produktname) BAUEN?

45. LETZEN FREITAG ... WAR ICH ZU TODE ERSCHRECKT! – MEIN CHEF HAT MIR FAST GEKÜNDIGT

46. 76 GRÜNDE WARUM ES SICH GELOHNT HÄTTE, AUF UNSERE ANZEIGE SCHON VOR EIN PAAR MONATEN ZU REAGIEREN

47. NEHMEN SIE AN, DAS HIER WÄRE AUF IHRER HOCHZEIT PASSIERT

48. LASSEN SIE SICH NICHT VON FUSSPILZ AUSBREMSEN

49. WERDEN DIE ANDEREN HINTEN IHREM RÜCKEN BEFÖRDERT?

50. SIND WIR EINE NATION VON GEISTIG ANSPRUCHSLOSEN?

51. EIN HERRLICHER BEZAHLTER 2-JAHRES-AUSFLUG – ABER NUR LEUTE MIT FANTASIE KÖNNEN TEILNEHMEN

52. WAS JEDER WISSEN MUSS ... ÜBER DIE BÖRSEN- UND KAPITALGESCHÄFTE

53. SUPERSCHNÄPPCHEN BEIM ÄLTESTEN AMERIKANISCHEN DIAMANTENDISCOUNTER

54. EHEMALIGER FRISEUR VERDIENT ALS IMMOBILIENMAKLER 8.000 DOLLAR IN 4 MONATEN

55. KOSTENLOSES BUCH – VERRÄT IHNEN ZWÖLF GEHEIMNISSE FÜR EINE BESSERE RASENPFLEGE

56. EIN FÜLLHORN AN EINFACHEN DINGEN ZUM SELBERMACHEN IN EINEM EINZIGEN BUCH

57. WIE ICH EIN VERMÖGEN MIT EINER "VERRÜCKTEN IDEE" VERDIENT HABE

58. WIE OFT HABEN SIE SICH SELBST SAGEN HÖREN: „NEIN, ICH HABE ES NICHT GELESEN, ICH WOLLTE ES ABER!"

59. TAUSENDE BESITZEN DIESES UNBEZAHLBARE GESCHENK – OHNE ES ZU WISSEN

60. WER IST SCHULD, WENN KINDER NICHT GEHORCHEN?

61. WIE MICH EIN "VERRÜCKTER GAG" ZUM STARVERKÄUFER GEMACHT HAT

62. HABEN SIE AUCH SYMPTOME NERVLICHER ÜBERLASTUNG?

63. SIE KOMMEN SICHER DURCH EIS, SCHLAMM ODER SCHNEE – ODER WIR ZAHLEN DAS ABSCHLEPPEN

64. HABEN SIE LAGERBESTÄNDE, DIE IHNEN SORGEN MACHEN?

65. WIE EINE NEUE ART VON GESICHTSMASKEMEIN AUSSEHEN IN NUR 30 TAGEN VERBESSERT HAT

66. 161 NEUE WEGE ZUM HERZ EINES MANNES – IN DIESEM FASZINIERENDEN KOCHBUCH

67. GEWINN, DER VERBORGEN IN IHREM GARTEN LIEGT

68. IST IHNEN DAS LEBEN EINES KINDES 1 DOLLAR WERT?

69. ÜBERALL SCHWÄRMEN FRAUEN VON DIESEM ERSTAUNLICHEN NEUEN SCHAMPOO

70. KENNEN SIE AUCH EINE VON DIESEN ZEHN PEINLICHEN SACHEN?

71. SECHS TYPEN VON INVESTOREN – ZU WELCHEM GEHÖREN SIE?

72. WIE MAN FLECKEN WEG BEKOMMT …NEHMEN SIE (Name des Produkts) UND FOLGEN SIE DIESEN EINFACHEN ANWEISUNGEN

73. HEUTE … ERHÖHEN SIE DEN WERT IHRER IMMOBILIE UM 10.000 DOLLAR – ZUM PREIS FÜR EINEN NEUEN HUT

74. HAT IHNEN IHR KIND SCHON MAL NICHT GEHORCHT?

75. IST IHR ZUHAUSE BILDERARM?

76. WIE SIE IHREN KINDERN EINE EXTRAPORTION EISEN GEBEN KÖNNEN – DURCH DIESE DREI KÖSTLICHEN METHODEN

77. FÜR LEUTE, DIE SCHREIBEN WOLLEN – ABER NICHT ANFANGEN KÖNNEN

78. DIESE FAST MAGISCHE LAMPE BELEUCHTET STRASSENKURVEN BEVOR SIE IN SIE ABBIEGEN

79. DAS VERBRECHEN, DAS WIR AN UNSEREM MAGEN BEGEHEN

80. DER MANN MIT DEM DENKEN EINER HEUSCHRECKE

81. SIE HABEN ALLE GELACHT, ALS ICH MICH ANS KLAVIER GESETZT HABE – ABER ALS ICH ANGEFANGEN HABE ZU SPIELEN …!

82. WERFEN SIE IHRE RUDER WEG!

83. WIE MAN AUF EINEM KLEINEN GRUNDSTÜCK WUNDER WIRKEN KANN

84. WER MÖCHTE NOCH LEICHTERE KUCHEN ZUBEREITEN – IN DER HÄLFE DER ZUBEREITUNGSZEIT?

85. KLEINE UNDICHTE STELLEN, DIE MICH ARM HALTEN

86. DURCHSTOCHEN MIT 301 NADELN … UND BEHÄLT TROTZDEM DEN VOLLEN LUFTDRUCK

87. KEINE ERSCHÖPFENDE LÄSTIGE GARTENARBEIT MEHR – UND UNSER GARTEN IST TROTZDEM DER SCHÖNSTE IN DER GANZEN NACHBARSCHAFT

88. OFT EINE BRAUTJUNGFER, NIE EINE BRAUT?

89. WIE VIEL KOSTEN DIE SPANNUNGEN UNTER DER BELEGSCHAFT EINER FIRMA?

90. FÜR JEDERMANN, DER EINES TAGES SEINEN JOB KÜNDIGEN WILL

91. WIE SIE IHR HAUS SPIELEND UMÄNDERN KÖNNEN, SO DASS ES IHREM GESCHMACK ENTSPRICHT?

92. KAUFEN SIE KEINEN SCHREIBTISCH – SOLANGE SIE DIESE SENSATION AUS DER AUSSTELLUNG NICHT GESEHEN HABEN

93. ERINNERN SIE SICH AN DIESE GRANDIOSEN MOMENTE DER OPER

94. MEINE SCHWELLUNG IST ZURÜCKGEGANGEN … UND ICH HABE NOCH GELD GESPART

95. WARUM (Markenname)-GLÜHBIRNEN DIESES JAHR MEHR LICHT GEBEN

96. 80.000 DOLLAR IN GEWINNPREISEN! HELFEN SIE UNS DIE NAMEN FÜR NEUE KÜCHEN ZU FINDEN

97. JETZT! KOMMEN SIE ZU LANDBESITZ IN FLORIDA MIT DIESER METHODE ... 10 DOLLAR ANZAHLUNG UND 10 DOLLAR MONATLICH

98. KAUFEN SIE DREI DIESER KÜCHENGERÄTE– EGAL WELCHE – FÜR NUR 8,95 DOLLAR (IM WERT BIS ZU 15.45 DOLLAR)

99. SPAREN SIE ZWANZIG CENT AUF ZWEI DOSEN PREISELBEEREN – NUR SOLANGE VORRAT REICHT

100. EIN PLATZSET KOSTENLOS
 - WENN SIE DREI GEKAUFT HABEN!

MARKETINGPRINZIP Nr. 3:

LEAD-GENERATION-WERBUNG

IST DIE „BOMBENSICHERSTE", „KUGELSICHERE"
METHODE MIT DER MAN ERGEBNISSE
IM HEUTIGEN DIREKTMARKETING ERZIELT!!

Dieses ist verwandt mit dem Marketingprinzip Nr.1, in dem es darum geht, sich AUSSCHLIESSLICH mit geeigneten Zielkunden zu beschäftigen.

Und wie werden Sie diesen geeigneten Zielkunden finden? Ganz einfach. Indem Sie **LEAD-GENERATION-WERBUNG** (ANFRAGENERZEUGENDE WERBUNG) einsetzen!

Anfragen- oder Rücklauferzeugende Werbung ist im Wesentlichen **MULTISCHRITT MARKETING**. Und Ihr ERSTER Schritt ist einfach einen Interessenten dazu zu bringen, **„nach mehr Informationen zu Ihrem Produkt oder Service zu fragen"**.

Wissen Sie, in dem Moment, indem Sie jemand um mehr Informationen BITTET, steigen Ihre Chancen, dieser Person etwas zu verkaufen „HIMMELHOCH!"

Im Direktmarketing ist die RÜCKLAUFERZEUGENDE WERBUNG bei weitem **als der SICHERSTE, AM BESTEN PROGNOSTIZIERBARE, BOMBENSICHERE WEG** mit dem <u>Sie</u> EXPLOSIVE, GEWINNBRINGENDE ERGEBNISSE erzielen können!

Auf den folgenden Seiten ist ein **Spezialreport**, den ich geschrieben habe und in dem ich mich damit auseinandergesetzt habe, wie man rücklauferzeugende Werbung implementieren kann und wie man sich die „Technik" so aneignet, dass Sie EINE ERHEBLICHE MENGE IHRER ZEIT SPAREN, und IN IHREM GESCHÄFT DEN AUTOPILOTEN EINSCHALTEN können!"

Es ist ein **Muss**, also viel Spaß beim Lesen . . .

SPEZIALREPORT

WIE SIE IN IHREM GESCHÄFT DEN „AUTOPILOTEN" EIN-SCHALTEN UND IHR MARKETINGSYSTEM IN EINE **VORHER-SEHBARE, SCHLÜSSELFERTIGE** „CASHFLOW-MASCHINE" UMWANDELN, DIE IMMER WEITER ARBEITET, AUCH DANN, WENN SIE ES NICHT TUN!!

Ich glaube, es ist uns ALLEN eingeimpft worden: „Der Schlüssel zum Erfolg ist hart zu arbeiten, je härter du arbeitest, desto erfolgreicher wirst du sein".

Ist das wahr? Sicher! Es KANN sein . . . FALLS SIE SICH AUF DIE RICHTIGE AKTIVITÄT KONZENTRIEREN.

Aber ich bin mir sicher, dass wir beide jede Menge Leute kennen, die ihr ganzes Leben lang hart gearbeitet haben und am Schluss mit nichts in der Hand dastanden. Wollen Sie etwas Erschreckendes hören?

Ein durchschnittlicher 55-jähriger in Amerika hat einen durchschnittlichen Netto-Wert von 2.300 Dollar Sie habe richtig gehört. Nur Zweitausenddreihundert Dollar!!

Und wissen Sie was? Ich wette, dass die meisten von denen hart arbeiten.

Verstehen Sie mich jetzt nicht falsch, ich habe kein Problem mit harter Arbeit. Alles was ich sage ist, dass das nur die halbe Miete ist. Und die andere Hälfte? Sie MÜSSEN intelligent arbeiten.

Insbesondere, wenn Sie selbständig sind. Sofern Sie es nicht genießen, ein Sklave Ihres Geschäfts zu sein! Jetzt vermute ich mal, dass <u>einer</u> der Gründe, wieso Sie ein Geschäft angefangen haben, war um **MEHR ZEIT** und **MEHR GELD** zu haben, richtig?

Konzentrieren wir uns darauf, intelligenter zu arbeiten und Ihr Marketingsystem in eine wahre „Cashflow-Maschine" zu verwandeln, die weiter und weiter arbeitet - sogar dann, wenn Sie es nicht tun!

Hauptsächlich möchte ich Ihnen einige einfache <u>Techniken</u> und <u>Technologien</u> vorstellen, mit denen Sie sich anfreunden müssen, wenn Sie ein Ihre Bemühungen auf entsprechendes Niveau bringen und . . .

IHR GESCHÄFT AUF AUTOPILOT UMSCHALTEN

wollen!

<u>VORSCHLAG Nr.1:</u>

BEHERRSCHEN SIE „MULTI-SCHRITT" – ANFRAGENERZEUGENDE DIREKTWERBUNG

Was ist eine „Multi-Schritt-Werbung"? Es ist einfach. Ihr erster Schritt besteht nur darin, Ihren potenziellen Kunden dazu zu bringen, seine Hand zu heben und Interesse zu zeigen. Sie bringen ihn dazu, indem Sie eine kurze, zwingende, „Schlag-ihm-zwischen-die-Augen"-Nachricht in einem Brief, auf einer Postkarte, in einer Kleinanzeige, Großanzeige, Radiowerbung, in einem Fax-Rundschreiben, in einer E-Mail-Nachricht, usw., usw. veröffentlichen.

Ihre „Neugier weckende, verlockende" Mitteilung wird ihn so ansprechen, dass er das dringende Bedürfnis verspürt, mehr Informationen zu verlangen. Das ist Schritt Zwei.

Wie bringen Sie diese Information an den Mann? Einfach. Sie können es auf einem dieser 3 Wege tun:

1. **Autoresponder** (Nachrichtenbeantworter per E-Mail) - Wenn Sie Ihr Geschäft im Internet praktizieren (siehe unser Autoresponder-Kapitel)
2. **Faxabruf** - wenn Sie per Faxrundschreiben vermarkten
3. **Elektronische Sprachnachrichten** - wenn Sie „offline" durch ein traditionelles Medium vermarkten

Falls sie sich mit Autorespondern nicht auskennen, sie sind wie ein Faxabruf - aber im Internet. Anstatt die Nummer über ein Telefon zu wählen, wird Ihnen ein potenzieller Kunden eine E-Mail-Nachricht an Ihren Autoresponder schicken und Ihr Werbematerial „automatisch" nur wenige Minuten später per E-Mail bekommen.

Beide, Autoresponder und Faxabruf, sind das beste Werkzeug für die "Automatisierung" Ihres Geschäftes. Der einzige Nachteil, schätze ich, ist, dass sie Sie bei der Weiterverfolgung der Antworten beschränken können. Warum?

Bei Autorespondern können Sie nur per E-Mail weiterverfolgen – Sie haben nur die E-Mail-Adresse des Interessenten. Bei Faxabruf können Sie nur per Fax weiterverfolgen – Sie haben nur die Fax-Nummer des Interessenten.

Aber, wenn Sie die Option mögen, per E-Mail, Fax **ODER** Telefon weiterzuverfolgen, ist wahrscheinlich die beste Möglichkeit, um an die vollständigen Kontaktinformationen (d.h. auch an die Postadresse, Telefonnummer usw.) zu kommen, mit SPRACHNACHRICHTEN AUF EINEM ELEKTRONISCHEN ANRUFBEANTWORTER zu arbeiten.

Ich mag Nachrichten in der 2 bis 4 Minuten-Kategorie, solche, die einen emotionalen "heißen Knopf" berühren. Stellen Sie nur sicher, dass Ihre elektronische Nachricht hauptsächlich auf das fokussiert ist, was Ihr Zielmarkt wirklich **WILL**.

Also vergessen Sie nicht: Das einzige Ziel der Sprachnachricht auf Ihrem Anrufbeantworter ist, Ihren potenziellen Kunden dazu zu bringen, den nächsten Schritt zu tun - und der ist, Ihr Werbematerial anzufordern.

Wichtig: Wenn Sie die Informationen von Ihren potenziellen Kunden erfassen, stellen Sie sicher, dass Sie nach Folgendem fragen:

1. Name
2. Adresse
3. Telefonnummer
4. Faxnummer
5. E-Mail-Adresse

Wozu brauchen Sie all diese Daten? Damit Sie den Kunden mit Ihren Informationen auf vielerlei Wegen erreichen können. Sie können ihm Ihr Werbematerial per Post schicken, faxen oder per E-Mail schicken.

Ein anderer Vorteil ist die Möglichkeit, - auf unterschiedlichsten Wegen WEITER ZU VERFOLGEN Und die Weiterverfolgung ist der **BEDEUTENDSTE** Schlüssel zum Erfolg.

Noch ein wichtiger Punkt: An jede Adresse, die Sie auf Ihre Liste bringen können, sollten Sie MINDESTENS drei verschiedene Sendungen schicken. Das nennt sich **COMPOUNDING oder ZEITLICH VERSETZTE WEITERVERFOLGUNG** oder **SEQUENZIELLE ABFRAGE (AUFEINANDER FOLGENDES VERSENDEN VON NACHRICHTEN)** und ist bei Weitem... mein Nr.1-Erfolgsgeheimnis des Direktmarketings!

Möchten Sie erfahren, wie Sie 10-30% aller potenziellen Kunden zum Kaufabschluss bringen? Nun, hier kommt die HAUPTSTRATEGIE zur Erreichung dieses Ziels!

Wenn Sie dieses ganze „Marketing in mehreren Schritten" richtig machen, haben Sie **zu 90-100% bereits verkauft** - sogar noch bevor Sie mit dem Interessenten zum ersten Mal Kontakt aufgenommen haben!! Das heißt, wenn die Kunden überhaupt noch mit Ihnen in Kontakt treten müssen.

Ein aufregendes Versprechen, nicht wahr?

Ich sage Ihnen, mein Freund, **DIREKTMARKETING** und erprobte **STRATEGIEN & TECHNIKEN FÜRS WERBETEXTEN** können dies alles für Sie erreichen! Das ist der Grund, wieso es sich lohnt, sie zu beherrschen.

EIN SCHNELLER TIPP: Das einzig wirklich wichtige, das Sie beherrschen müssen, ist die KUNST „ins Augen fallende", „saftige" Schlagzeilen zu schreiben. Das allein bestimmt 90% des Erfolgs Ihrer Kampagne.

Lernen Sie es!

Eines der wichtigsten Dinge, die Sie lernen sollten, ist die Kunst, SUPER-WERBETEXTE zu schreiben, die schon beim Lesen den Puls des Kunden in die Höhe treiben und ihn die Brieftasche zücken lassen. Natürlich braucht es dazu etwas Fleiß und Übung, aber ich bin wirklich davon überzeugt, dass jeder ein effektiver Werbetexter werden kann.

Eine komplette Einführung ins Werbetexten würde den Rahmen dieses Buches sprengen, aber ein paar Grundsätze möchte ich Ihnen doch mit auf den Weg geben:

> **WERBETEXT-GRUNDSATZ NR. 1**: Schreiben Sie auf persönliche und zwanglose Art – so, wie Sie auch mit Freunden reden würden.
>
> **WERBETEXT-GRUNDSATZ NR. 2**: Teilen Sie Ihre Begeisterung mit dem Leser – denn Ihr Angebot ist ja wirklich eine tolle Sache. Seien Sie aber nicht schwärmerisch. Für alle Behauptungen brauchen Sie Belege.

Die besten Belege sind Kundenaussagen. Je mehr Referenzen Sie vorlegen können, desto **BESSER**!

Das beste Buch über die Kunst, wirksame Werbebriefe zu schreiben kommt von Dan Kennedy, und heißt „The Ultimate Sales Letter" Tun Sie sich einen Gefallen und kaufen Sie sich dieses Buch SO SCHNELL ES IRGENDWIE GEHT!

VORSCHLAG Nr.2:

NUTZEN SIE AUTORESPONDER-, FAXABRUF- UND ANRUFBEANTWORTER-TECHNIKEN UM IHRE VER-KAUFSPRÄSENTATION AN DEN MANN ZU BRINGEN!

Ich betrachte Autoresponder-, Faxabruf- und Anrufbeantworter-Techniken als die drei stärksten und vielseitigsten Marketingwerkzeuge, die je erfunden wurden.

Und ich bewundere diese Werkzeuge, weil sie der **HAUPTGRUND sind**, warum ich mehr Zeit im meinem Leben habe, weniger Stress, ein "explodierendes" Einkommen und eine komplette ...

vorhersehbare, schlüsselfertige, hohe Umsätze generierende Marketing-Maschine, die immer weiter arbeitet - sogar dann, wenn ich es nicht tue!

Das Gleiche können Sie auch haben! Und es ist sehr, sehr einfach.

Ich kann mich noch gut daran erinnern, wie es war, bevor Anrufbeantworter, Faxabruf und Autoresponder kamen...

Ein Interessent hat angerufen. Ich habe ihn zurückrufen. Ich habe ihm mein Verkaufsmaterial vorgetragen **ODER** ihm meine Verkaufsinformation zugeschickt.

Ich wusste nicht, ob er ernsthaft interessiert war oder nicht. Die meisten waren es leider nicht.

Und wissen Sie was? Ich habe praktisch am Telefon „gelebt". Immer erreichbar, immer verkaufend, immer auf der Jagd, ... und immer müde!!

Die meisten der Gespräche endeten in einer Sackgasse. Und ... Abschlüsse waren fast immer schwer zu erreichen.

Das Geld, das ich verdiente, basierte nicht auf einem „vorhersehbaren Prozess", sondern hing davon ab, wie hart ich die Leute „auspresste" oder sie zum Abschluss zwang. Ich sage Ihnen, die Arbeitszeiten sind lang und die Frustrationen enden nicht, wenn Sie auf diese Art Geschäfte machen oder nicht?

Es war eine harte Arbeit. Eine **WIRKLICH HARTE ARBEIT**.

Sehen Sie den Zusammenhang?

Nun, heute, bin ich so glücklich, Ihnen sagen zu können ... **DAS IST FÜR IMMER VORBEI!!!**

Ich erinnere mich an das eine Prinzip, das alles für mich auf den Kopf gestellt hat, als mir mein Mentor gesagt hat...

HÖR AUF ZU VERKAUFEN!!!

Das ist richtig. Hören Sie auf zu verkaufen. Es klingt lustig, aber es ergibt jede Menge Sinn.

Er sagte: „Je _mehr_ Du versuchst, die Leute zu einem Abschluss zu bringen, desto _weiter_ werden sie von Dir wegrennen."

„Sehen Sie, Leute wollen nicht, dass man Ihnen verkauft, aber sie LIEBEN ES, informiert zu werden."

Und was ist der beste Weg, Ihre Interessenten zu informieren? Ja, Sie wissen es schon. Indem Sie Autoresponder-, Faxabruf- und Anrufbeantworter-Techniken einsetzen, um Ihre Nachricht an den Mann zu bringen.

Jetzt kombinieren Sie diese Technologien mit erprobten Direktmarketing-Methoden und einer aussagekräftige Botschaft, die wirklich das liefert, was Ihr potenzieller Kunde **MÖCHTE** und Sie können...

AUF DEM WEG ZU IHRER BANK TANZEN!

Wissen Sie, was Ihnen Seelenfrieden im Geschäft bringt?...

Ein vorhersehbares, schlüsselfertiges Marketingsystem, das rund um die Uhr arbeitet - sogar dann, wenn Sie es nicht tun!

Lassen Sie mich erklären, was ich mit „vorhersehbar" meine.

Würden Sie sich wirklich sicher fühlen, wenn Sie „absolut sicher wüssten", dass, wenn Sie eine gewisse Anzahl an Briefen per Post oder per E-Mail verschicken, diese jederzeit einen bestimmten Anteil an Gewinn erzeugen oder eine bestimmte Abschlussquote erzielen?

Denken Sie einmal über Folgendes nach: Was wäre, wenn Sie wüssten - mit ABSOLUTER SICHERHEIT - dass alles was Sie zu tun haben, ist, 500 E-Mails zu versenden um 2 Abschlüsse oder Verkäufe zu bekommen?

Wäre es das nicht ein sicheres Gefühl?!?

Nun, dieser Typ von „PROZESS" kann auf einfache Weise mit der Nutzung von erprobten Direktmarketingmethoden und des richtigen technologischen Werkzeugs erzeugt werden.

Mit der Einführung dieser „3" Werkzeuge können Sie:

Nr. 1) Ergebnisse sichern - Sie werden sofort wissen, welche Ihrer Kampagnen die erfolgreichen sind

Nr. 2) Viel mehr Zeit haben für die Dinge, die Sie lieben!

Das ist richtig. Mehr Zeit für das, was SIE machen möchten! Das ist es, worum es im Leben geht, oder?!?

WIE EINE „TYPISCHE" OFFLINE KAMPAGNE FÜR SIE ARBEITEN KANN

Nehmen wir an, dass Interessenten Ihre Kleinanzeige sehen. Sie sind angetan. Sie wollen mehr Details. Was tun sie?

Sie rufen Ihren Anrufbeantworter an. Sie hören sich Ihre kraftvolle Sprachnachricht an, die Sie noch mehr erregt, so dass sie eine Anfrage nach noch mehr Informationen hinterlassen.

Wie werden Sie diese liefern? Einfach. Wenn der Kunde eine Fax-Nummer hinterlassen hat, warum faxen Sie ihm nicht eine Seite, die ihn instruiert, wie er Ihren Faxabruf anzapfen kann?

Und wenn er eine E-Mail-Adresse hinterlassen hat, so wie viele jetzt werden, können Sie deren Namen in ein Programm wie z.B. Eudora einspeisen (Eine kostenlose Version von Eudora Light bekommen Sie unter http://www.eudora.com), ein paar Tasten drücken ... und **FERTIG**! Gerade haben Sie Ihren Verkaufsbrief an einen Haufen Interessenten abgefeuert - in Minuten!

Und nur an die paar Interessenten, die nur ihre Adresse hinterlassen haben, werden Sie wohl Ihren Brief per „Schnecken-Post" verschicken müssen. Aber das ist kein so schlechter Weg, als das man ihn nicht auch noch nutzen könnte. Normalpost erfüllt Ihre Anforderungen IMMER NOCH! Und effektiv, wie ich hinzufügen möchte.

Und vergessen Sie nicht: Sie sollten Ihren Interessenten MINDESTENS drei unterschiedliche Sendungen schicken. (Lesen Sie den Artikel **„Wie Sie eine Abschlussquote von 10-30% erreichen"** im beigefügten Newsletter).

Was ist, wenn Ihr Interessent mehr Fragen hat, nachdem er Ihr Verkaufsmaterial erhalten hat? Einfach. Ich stelle im Voraus ein Dokument mit der Überschrift **„Die am häufigsten gestellten Fragen über _____"** zusammen.

Können Sie erraten, wie die Leute an dieses Dokument kommen? Ja, Sie haben es verstanden - **Faxabfrage**. Zusätzlich nehme ich sogar dieses FAQ-Dokument (FAQ = häufig gestellte Fragen) als Sprachnachricht auf meinem Anrufbeantworter auf. Warum? Das ermöglicht es dem Kunden, noch auf einem weiteren Weg an diese Information zu kommen. Abgesehen davon, sind eben manche Leute eher visuell veranlagt, andere hören lieber etwas. Warum nicht beide Möglichkeiten zur Verfügung zu stellen?

WIE EINE „TYPISCHE" INTERNETKAMPAGNE FÜR SIE ARBEITEN KANN

Packen wir es an und sehen wir mal, wie eine „typische" Internetkampagne laufen kann...

Angenommen, ein potenzieller Kunde bekommt Ihre „erregende" Nachricht per E-Mail und ist davon so angetan, dass er mehr Informationen haben will.

Ihre Nachricht auf dem Anrufbeantworter bittet ihn, irgendeine E-Mail an Ihren Autoresponder zu schicken - der ihm Minuten oder Sekunden automatisch Ihr Verkaufsmaterial zuschickt.

So einfach haben Sie Ihre Verkaufsbotschaft geliefert. **Und**... Sie haben auch die E-Mail-Adresse des Kunden abgefangen und können ihn somit später per E-Mail weiter verfolgen.

HIER EINE ÜBERSICHT ÜBER ANRUFBEANTWORTER, FAXABRUFE- & AUTORESPONDER-DIENSTLEISTUNGEN, DIE SIE BRAUCHEN:

Sichern Sie sich eine Telefonnummer für Ihre Sprachnachricht auf einem **Anrufbeantworter** bei einem Anbieter kostenloser Telefonnummern (0180-Nummern). Der Anruf muss für den Interessenten kostenlos sein. Sichern Sie sich eine unbegrenzte Annahme und Speicherung von Anrufen.

EMPFOHLENE ANRUFBEANTWORTER-SYSTEME (USA):

Nr. 1) One Plus Marketing. Telefon 1-800-864-2362. Kosten betragen 9,9 Cents pro Minute. Speichert automatisch die Telefonnummer des Anrufers.

Nr. 2) **Discount Voice** Mail. Telefon 1-800-967-3034. Kosten betragen 10 Cents pro Minute. Bietet auch Nicht-Kostenlose Telefonnummern an.

Nr. 3) **Central Calling** System. Tel. 1-800-955-5001 (kostenlos) oder 1-916-962-2789.

Und Ihr **Faxabruf**? Mindestanforderung ist die Fähigkeit, 10 Seiten zu speichern, es sollte jedoch die Möglichkeit bestehen, auch mehrere Seiten zusätzlich zu speichern, falls notwendig. Sichern Sie sich auch die Option, Ihre Dokumente jede Zeit austauschen zu können - direkt von Ihrem Faxgerät aus, und dass das System jede Fax-Nummer „abfängt", von der Ihre Information abgefragt wurde.

EMPFEHLUNG (USA): Sparks Communications. Telefon 1-800-799-8233 (kostenlos). Fax: 209-536-9988.

Oder

Ein eigener Computer mit dem Faxprogramm WinFax. von Symantec. Hier können Sie ohne Probleme den Faxabruf einstellen und abrufen lassen. Sogar unter der örtlichen Vorwahlnummer.

Was den **Autoresponder-Service** angeht, stellen Sie sicher, dass er über folgende Merkmale verfügt:

1. Sie sollten die Möglichkeit haben, jederzeit neue Dokumente hochzuladen - direkt von Ihrem eigenen PC aus.

2. Der Autoresponder muss „bedienerfreundlich" sein. Stellen Sie sicher, dass Ihr Autoresponder in der Lage ist, dem Absender eine Nachricht zurück zu schicken, unabhängig davon,

was er als Inhalt in die Betreffzeile oder in das Textfeld in seiner E-Mail geschrieben hat. Mit anderen Worten: Die einzige Anforderung an den potenziellen Kunden sollte darin bestehen, dass er Ihrem Autoresponder irgendeine Nachricht schickt - und prompt erhält er die gewünschte Information.

3. Der Autoresponder sollte E-Mails jeglicher Größe verschicken können.

4. Wählen Sie einen Anbieter aus, der Ihnen eine unbegrenzte Anzahl von „Treffern" oder automatischen Antworten bietet. Das letzte, was Sie brauchen, ist ein Tarif, bei dem jede Antwort einzeln berechnet wird. Besonders wenn Sie anfangen, UNZÄHLIGE Rückmeldungen zu erhalten.

5. GANZ ENTSCHEIDEND: Stellen Sie sicher, dass Ihr Autoresponder alle E-Mail-Adressen von Interessenten registriert und speichert. Erst dann haben Sie die Möglichkeit, weitere E-Mails zu schicken und garantiert EINE HOHE ABSCHLUSSQUOTE ZU ERREICHEN!

6. UND NOCH EIN WICHTIGES KRITERIUM: Wenn Sie Neukunden werben, muss es möglich sein, dass Ihr Autoresponder Ihnen das „automatische" Versenden von FOLGEMAILS bietet.

EMPFEHLUNGEN:

1. http://www.reul.de

2. http://www.follow-up-autoresponder.de

3. http:// www.antwortsofort.de

4. Auf der beiliegenden CD-ROM befinden sich zwei Autoresponder. Es sind praxisbewährte Programme. Oder Sie können diese auf der www.erfolgsonline.de herunterladen.

Marketing Prinzipien

Denken Sie immer daran: super heiße Interessenten möchten Tonnen von Informationen. Die Frage ist: Möchten Sie denen die Information auf die effizienteste und schnellstmögliche Weise liefern **ODER** wollen Sie Stunden und Stunden Ihrer kostbaren Zeit am Telefon verbringen, indem Sie denen alle Details erklären? Es ist Ihre Entscheidung.

Sie sollten anfangen, so über Ihr Geschäft zu denken. Das ist es, was ihr potenzieller Kunde will.

Sofortige Antworten. Sofortige Bedienung. Alles sofort. Wenn Sie ihm die Information nicht schnell genug geben... **JEMAND ANDERER WIRD ESTUN!!!**

Diese technischen Werkzeuge werden sich viele, viele, viele Male bezahlt machen.

Sie sind ein Muss - wenn Sie sofortige Cashflow-Explosionen erreichen wollen, reduzieren Sie Ihre Zeit, bringen Sie Ihre Bemühungen auf ein konstantes Niveau und fangen Sie endlich an, in

FINANZIELLEN SEELENFRIEDEN zu leben!

Sind Sie aufgeregt? . . . .

Das sollten Sie auch sein!

Können Sie sich daran erinnern, was ich vorher gesagt habe?

Mach es richtig und Du kannst ...
>
> Deinem potenziellen Kunden
> bereits zu 90– 100 % VERKAUFT haben
> - noch vor dem ersten Kontakt!"

Jetzt lohnt es sich, das Ganze im Detail anzuschauen, oder?!?

MACHEN SIE ES! Ich wünsche Ihnen das Beste.

Mit größter Begeisterung,

Bill Guting

IRMG

P.S. Stellen Sie sich vor... mehr Zeit in Ihrem Leben für die Dinge, die SIE tun wollen, zu haben, weniger Stress, „explodierendes" Einkommen, und eine eingeführte

vorhersehbare, schlüsselfertige, Cashflow-Marketingmaschine, die immer weiter arbeitet - sogar dann, wenn Sie es nicht tun!!!

Wenn es das ist, was Sie wollen – elektronische Sprachnachrichten auf einem Anrufbeantworter, Faxabruf- & Autoresponder-Techniken können Ihnen helfen, es zu erreichen. Sie werden froh sein, es getan zu haben!

© IRMG

Alle Rechte vorbehalten

MARKETINGPRINZIP Nr. 4:

DAS <u>ULTIMATIVE</u> ERFOLGS-GEHEIMNIS IM DIREKTMARKETING: WUNDERWAFFE „COMPOUNDING"

Compounding oder zeitlich versetzte Weiterverfolgung. Klingt komisch, oder? Können Sie sich vielleicht etwas darunter vorstellen? Wenn nicht, macht nichts - es ist nämlich ein GANZ EINFACHES KONZEPT.

Es bedeutet lediglich, MEHRERE SENDUNGEN an die gleiche Adressenliste zu schicken.

Das ist zum Beispiel in der Inkassobranche gängige Praxis. Sie wissen schon....

1. Mahnung ...., wenn nicht bezahlt wird 2. Mahnung..., wenn auch auf Brief Nr. 2 keine Reaktion kommt, letzte Mahnung mit Androhung gerichtlicher Schritte.

Eine sehr wirkungsvolle Methode.

Wenn sie in dieser Art „negativer" Situation so gut funktioniert, sollte man nicht annehmen, dass sie in einem POSITIVEN Kontext genauso gut wirkt? Aber klar!

Und doch wird diese Methode nur von ganz wenigen eingesetzt, und noch weniger KENNEN sie überhaupt.

<u>Lassen Sie diese Tatsache so richtig auf sich wirken:</u>

ZEITLICH VERSETZTE WEITERVERFOLGUNG ODER SEQUENZIELLE ABFRAGE (aufeinander folgendes Versenden von Nachrichten) **VON drei ODER MEHR BRIEFEN AN DIE RICHTIGE ZIELKUNDENLISTE KANN IHRE ABSCHLUSSQUOTE IN ZWEISTELLIGE HÖHEN KATAPULTIEREN!!**

Stellen Sie sich das einfach mal vor. Eine Abschlussquote in zweistelliger Höhe. Das sind 10 Prozent und mehr!

Ich möchte Ihnen nun ein paar Ergebnisse eines Tests präsentieren, den wir bei einer Kampagne für hochwertige **Software** (395 Dollar) durchgeführt haben...

Wir starteten mit einer Kleinanzeige, auf die 102 Interessenten antworteten. Das erste Versenden unseres Verkaufsbriefs führte zu 7 Abschlüssen - eine Quote von 7%! Haben wir uns damit zufrieden gegeben? Selbstverständlich nicht.

Wir verschickten **Brief Nr. 2** an die gleichen Interessenten. Nebenbei gesagt, es war der gleiche Brief, die einzige Änderung bestand im Hinweis, dass dies die „2. Benachrichtigung" sei und eine Bezugnahme auf diese Tatsache im ersten Absatz des Briefes. Das Ergebnis? **5 % bzw. 5 Bestellungen!**

Haben wir uns damit zufrieden gegeben? Immer noch nicht. Die gleichen Interessenten bekamen noch eine „letzte Benachrichtigung", die wiederum dem ersten Brief sehr ähnlich war.

Die Quote fiel, lag aber IMMER NOCH bei **3 % oder 3 Bestellungen!!**

Hmmm... lassen Sie uns mal zusammenrechnen. 7 Bestellungen + 5 Bestellungen + 3 Bestellungen = 15 Bestellungen bzw. eine **ABSCHLUSSQUOTE VON 15%!**

Werfen wir einen Blick auf den Bruttoumsatz: 15 Einheiten x 395 US-Dollar = **5.925 US-Dollar!**

Was, wenn wir das Erfolgsrezept **der ZEITLICH VERSETZTEN WEITERVERFOLGUNG** nicht gekannt und Briefe Nr. 2 und 3 nicht verschickt hätten? Dann hätten wir die **3.160 US-DOLLAR ZUSÄTZLICHEN UMSATZ VERLOREN!!**

Das sollten Sie nicht leichtfertig abtun. Meiner Ansicht nach handelt es sich hier um...

DAS ULTIMATIVE ERFOLGSGEHEIMNIS DES DIREKTMARKETINGS!

Dieses Rezept kann den Unterschied zwischen „So-la-la"-Ergebnissen und einer spektakulären Abschlussquote bedeuten!

Es folgt ein Artikel, den ich für einen früheren Newsletter geschrieben habe und der die ZEITLICH VERSETZTE WEITERVERFOLGUNG etwas detaillierter beschreibt.

Hier der Abdruck eines Artikels aus einer älteren Ausgabe unseres „Marketingsystem für sofortige Ergebnisse"-Newsletters

WIE SIE EINE ABSCHLUSSQUOTE VON 10-30% ERREICHEN!!

Bill Guting

Stellen Sie sich vor: Von allen Zielkunden, die bei Ihnen anrufen, kommen Sie mit 10–30% ins Geschäft!

Einige von Ihnen werden jetzt vielleicht sagen: "Das gibt es gar nicht! Das geht nicht. Ich habe immer gehört, im Direktmarketing sei eine Rücklaufquote von 2-3% bereits als **EXZELLENT** zu bezeichnen!"

Ja, ich stimme zu... 2-3% kann durchaus eine gute Quote sein. Aber würden Sie nicht auch 10-30% nehmen, wenn Sie sie bekommen könnten?!?

Ich denke schon.

NEBENBEI BEMERKT: Auch wenn Rücklaufquoten das zentrale Thema sind, das von ALLEN diskutiert wird, sind sie eigentlich VÖLLIG NEBENSÄCHLICH! Der einzige Faktor, der im Direktmarketing wirklich eine Rolle spielt, ist der **NETTOGEWINN!**

Ihre Kampagne ist dann erfolgreich, wenn sie Ihnen Geld bringt. Wie hoch dabei Ihre Rücklaufquote ist, spielt keine Rolle - also hängen Sie nicht so sehr daran, ok?

Was ich Ihnen nun verrate, kann Ihre **ABSCHLUSSQUOTE IN ZWEISTELLIGE HÖHEN KATAPULTIEREN!**

Erstaunlicherweise wird diese Methode nur von ganz wenigen Leuten eingesetzt, und noch weniger KENNEN sie überhaupt.

Die Methode heißt **ZEITLICH VERSETZTE WEITERVERFOLGUNG oder SEQUENZIELLES MAILING** (aufeinander folgendes Versenden von E-Mails).

Am besten funktioniert sie mit einem mehrstufigen Rücklauf erzeugenden Marketingprogramm. Erinnern Sie sich, was damit gemeint ist? Schritt 1 besteht darin, einen potenziellen Kunden dazu zu bringen, zuerst SIE anzurufen. Schritt 2 ist, ihm Ihr Verkaufsmaterial zu schicken.

Sie können mit Kleinanzeigen, Großanzeigen, Direktmailing, E-Mail usw. beginnen.

Die meisten Leute gehen folgendermaßen vor: Sie schicken ihr Material genau EIN EINZIGES MAL an den Kunden ... und warten auf eine Reaktion. Es ist zu wenig!

Letzte Woche habe ich mich mit einem typischen Direktvermarkter (Laura) unterhalten. Sie hat mir erzählt, dass sie pro 100 versendete Einheiten durchschnittlich eine Abschlussquote von 4-8% erzielt. Sie war absolut überzeugt davon, dass diese Quote das MAXIMALE ERGEBNIS sei, das sie erreichen kann.

Marketing Prinzipien

Na ja, vielleicht hat sie Recht - mit nur EINER SENDUNG! Aber was würde passieren, wenn sie einfach an die gesamte Gruppe von 100 Leuten eine **ZWEITE SENDUNG** schicken würde?

Oder ein drittes? Und ein viertes?

Um **MAXIMALEN** Eindruck beim Kunden zu hinterlassen, nimmt jedes Schreiben auch noch Bezug auf das vorige, das heißt, Brief Nr. 2, Brief Nr. 3, Brief Nr. 4 usw.?

Wie viele Sendungen sind sinnvoll? **MACHEN SIE WEITER, SO LANGE ES GEWINN BRINGT!**

Ich selbst habe schon einmal 9 Mailings an die selbe Liste von potenziellen Kunden geschickt. (Warum aufhören, wenn es immer noch Gewinn brachte?)

DAS ist die Quintessenz von ZEITLICH VERSETZTEN WEITER-VERFOLGUNG. Meiner Ansicht nach handelt es sich hier um das **ULTIMATIVE ERFOLGSREZEPT IM MARKETING**, um in kürzester Zeit die höchsten Abschlussquoten zu erreichen!

Hier einige WICHTIGE HINWEISE:

- Jedes Medium ist geeignet: Kleinanzeigen, Großanzeigen, Direktwerbung, E-Mail-Marketing usw.

- Jeder Brief kann dem vorhergehenden ähneln, mit dem wichtigen Unterschied, dass Bezug auf den vorigen Brief genommen werden muss. Am BESTEN ist es jedoch, unterschiedliche Briefe mit EIN UND DERSELBEN Kernbotschaft zu entwerfen.

- Diese Methode kann in JEDER Branche funktionieren - unabhängig vom Verkaufsziel. Einzelhändler können den Kundenverkehr in ihrem Ladengeschäft intensivieren, Versandhändler die Anzahl der Bestellungen oder Rückläufe erhöhen oder - wie auch Außendienstler - die Zielkundenliste erweitern usw.

- Wenn Sie per E-Mail vermarkten - falls nicht, sollten Sie es auf jeden Fall tun -, sollte SEQUENZIELLES MAILING (aufeinander folgendes Versenden von E-Mails) PFLICHT sein. Zum Ersten kostet eine E-Mail nichts. Zum Zweiten: Haben Sie erst einmal Ihre Adressen gesammelt, brauchen Sie mit dem RICHTIGEN E-MAIL-PROGRAMM nicht viel mehr zu tun als Ihren Brief zu entwerfen und ein paar Tasten drücken. Im Direkt-E-Mail-Marketing gibt es kein Anlecken, Stapeln oder Eintüten! Hurra!

Vermarkter, die per E-Mail arbeiten, haben noch einen weiteren Vorteil: Mit dem SEQUENZIELLEN MAILING-ANSATZ ist es nicht mehr nötig, TAUSENDE Sendungen zu verschicken.

Die meisten Leute denken, man muss pro Woche 50.000 Briefe rausschicken. Das ist wirklich nicht nötig - falls Sie qualitativ hochwertige, gut selektierte und stark zielgerichtete E-Mail-Listen kaufen! Durchsuchen Sie das Internet, und Sie werden sehen, es gibt dort draußen eine ganze Menge Adressenhändler.

Auf jeden Fall lassen sich mit SEQUENZIELLEM MAILING ganze **LAWINEN VON ANTWORTEN** lostreten, und das mit nur 500 - 1000 E-Mails pro Tag!

Ein Beispiel: Sagen wir, Sie haben im Laufe von 2 Wochen insgesamt 10.000 E-Mails verschickt. Ein Rücklauf von 3% heißt: 300 Leute fordern Infos zu Ihrem Produkt, Ihrer Dienstleistung oder den angebotenen Verdienstmöglichkeiten usw. an. Wie man es dreht und wendet - ein ziemlich gutes Ergebnis, finden Sie nicht?

Wie wäre es, wenn Sie diese 300 potenziellen Kunden in eine **SEQUENZIELLE E-MAIL-KAMPAGNE** einbinden? Und ihnen 3, 4, 5 oder NOCH MEHR E-Mails schicken?

Und nicht nur einen einzigen „Versuchsballon", wie ihn so viele Vermarkter starten?

Wie wäre es mit einer Abschlussquote von 10%? Das wären 30 Leute? 20%? Das gleicht 60 neuen Kunden oder Abonnenten! Und 30%? SENSATIONELLE 90 "nagelneue" Kunden, Klienten, Mitglieder oder Abonnenten!

Hören Sie so langsam schon das Donnern der Umsatzlawine?

- Das wichtigste Element IST UND BLEIBT aber Ihre Marketing-Botschaft - eine **WIRKUNGSVOLLE SCHLAGZEILE** in Verbindung mit einer Neugier weckenden Angebot, das gezielt den BEDARF des potenziellen Kunden anspricht.

Genau das ist es. Eine durchschlagende Kernbotschaft.

Denken Sie daran... Sie können eine Abschlussquote von **10-30% WIRKLICH** schaffen!

Kombinieren Sie diese Technik mit der richtigen Botschaft und dem richtigen Angebot für Ihren Markt, und ich garantiere Ihnen... Sie werden eine höhere Quote erzielen, als Sie jemals für möglich gehalten hätten!

© IRMG

Alle Rechte vorbehalten

MARKETINGPRINZIP Nr. 5:

BLEIBEN SIE MIT IHREN KUNDEN IN KONTAKT !

Was glauben Sie, ist einfacher . . . einem „neuen" Kunden oder einem "bereits bestehenden" Kunden etwas zu verkaufen?

Ohne jeden Zweifel - **„BEREITS BESTEHENDEN"**. Mit weit höheren Gewinnen!

Wissen Sie, nachdem Sie neue Kunden gewonnen haben, ist es normalerweise ein ganzes Stück einfacher, sie dazu zu bringen, von Ihnen nochmals zu kaufen, immer wieder und wieder.

Warum? Es ist einfach. Sie kennen Sie. Sie haben geliefert, was Sie versprochen haben. Sie VERTRAUEN Ihnen jetzt!

Die traurige Tatsache ist dennoch, dass es nicht sehr viele Firmen gibt, die wirklich daran arbeiten, eine „längerfristige Beziehung" zu ihrem bestehenden Kundenstamm aufzubauen.

So ist es, dies ist die

DIE GRÖSSTE NICHT ERSCHLOSSENE GOLDMIENE IM HEUTIGEN GESCHÄFTSLEBEN!

<u>Hören Sie noch Folgendes</u>: Vor einigen Jahren wurde eine Studie durchgeführt, die herausfinden sollte, warum Kunden **AUFGEHÖRT HABEN** mit einer spezifischen Firma Geschäfte zu machen.

Die Ergebnisse haben uns die SPRACHE VERSCHLAGEN!

67% der befragten Leute haben ausgesagt, dass sie aufgehört haben, von der Firma zu kaufen, weil sie der Firma GLEICHGÜLTIG geworden sind.

Mit anderen Worten, es **SAH SO AUS**, als ob sich die Firmen **NICHT MEHR UM SIE KÜMMERN** würden. Sie haben mit ihren Kunden nicht **KOMMUNIZIERT!** Sie haben ihren Kunden nicht gesagt, „was es Neues gibt".

Was für eine Verschwendung!

Wenn Sie eine **BEDEUTENDE CASHFLOW-MASCHINE** kreieren und erreichen wollen, dass Ihre Kunden von Ihnen **IMMER WIEDER** und **WIEDER** und **WIEDER** kaufen - MÜSSEN Sie regelmäßig kommunizieren!!

Erzählen Sie, „was es Neues gibt". Bilden Sie sie weiter in Ihrer Branche. Schenken Sie ihnen Anerkennung. Geben Sie Informationen heraus, in denen objektive Vorteile für Ihre Kunden herausgestellt werden - durch das Produkt oder die Dienstleistung, die Sie verkaufen.

Mit anderen Worten: **Zeigen Sie ihnen, dass Sie sich um Sie kümmern.**

Welche ist die beste Kommunikationsmethode? Meiner Meinung nach ist es ein Newsletter, den Sie jeden Monat oder jeden zweiten Monat herausgeben.

Richtig gemacht und regelmäßig, kann sich ein Newsletter zu einem erstaunlichen Werkzeug entwickeln, das Ihre Kunden dazu bringt, **ZURÜCK ZU KOMMEN UND MEHR ZU VERLANGEN!**

Ihre Adressenliste, an die Sie den Newsletter verschicken, sollte auch die potenziellen Kunden beinhalten, die Ihr Interesse an Ihrer Art von Produkt oder Dienstleistung bekundet haben.

Und dann, zusätzlich dazu, dass Sie mit Ihren Kunden im Kontakt bleiben, sollte Sie <u>auch</u> in Erwägung ziehen, ein Programm zu entwickeln, wie sie mit INTERESSENTEN in Kontakt bleiben, die nicht sofort von Ihnen gekauft haben, aber Ihr Interesse an Ihrem Produkt oder Dienstleistung zum Ausdruck gebracht haben.

<u>Vergessen Sie nie</u>: Nur weil sie nicht sofort gekauft haben, bedeutet das nicht, dass Sie auch in Zukunft nicht von Ihnen kaufen werden. Ich sage Ihnen, nichts bringt einen Interessenten schneller zu einem Geschäftsabschluss mit Ihnen, als eine regelmäßige und systematische Kommunikation.

WICHTIGER TIPP: Ihre „interne" Adressenliste sollte nicht nur existierende Kunden beinhalten, aber auch POTENZIELLE KUNDEN, die <u>anfangs</u> an Ihrem Produkt oder Dienstleistung eine Interesse bekundet haben.

Behandeln Sie Ihre Adressenliste als den wertvollsten Firmenbesitz, weil sie das wirklich ist! Mit einer konstanten Kommunikation und der Fütterung mit wertvollen Informationen, kann sich Ihre Liste zu Ihren ganz persönlichen **Diamantenfeldern...** direkt in Ihrem Garten entwickeln!!!

PS: Nachstehend ist ein **Newsletter-Muster**, das wir an Stammkunden per E-Mail verschickt haben, die unsere Direktmarketing/ Weiterbildungskurse im Geschäftsaufbau gekauft haben, und an potenzielle Kunden, die Interesse an unseren Produkten und unserem Service geäußert haben.

Newsletter

Von

Bill Guting

Instant Results Marketing Group

(IRMG)

Newsletter

Lieber Freund und hochgeschätzter Klient,

Hallo und Willkommen zu einer Spezialausgabe von THE INSTANT RESULTS MARKETING NEWSLETTER!

Jeden Monat können Sie sich darauf verlassen, dass wir Ihnen MEHR UND MEHR STARKE, ERPROBTE und DEN RAHMEN SPRENGENDE Direktmarketing-Methoden, die heutzutage zur Verfügung stehen, liefern – damit sie Ihnen beim Verkaufen und Vermarkten Ihres Produkts, Ihrer Dienstleistung oder Ihrer angebotenen Verdienstmöglichkeit helfen können.

Entschuldigen Sie, dass der Newsletter diesmal etwas später kommt, aber MANN! ... die letzen Paar Monate waren ein WIRBELWIND an Aktivitäten.

Die GUTE NACHRICHT ist, dass das, woran meine Partner und ich gearbeitet haben, Themen sind, aus denen SIE ein Vorteile ziehen und mit deren Hilfe Sie MEHR GELD machen können.

Ich denke, wir haben ein Paar Dinge, die ich SEHR BALD mit Ihnen teilen werden kann, aber lassen uns heute EIN Thema angehen...

Erinnern Sie sich? In der letzten Ausgabe habe ich über einen MARKETING-KURS gesprochen, den ich Ihnen zur Verfügung stellen wollte.

Nun, die schlechte Nachricht ist, dass ich mich entschieden habe, nicht mehr weiter daran zu arbeiten.

Die GUTE NACHRICHT ist, dass ich mir stattdessen die Rechte an einem anderen Kurs gesichert habe, der meiner Meinung nach ... BESSER, UMFASSENDER UND MODERNER ist und STÄRKERE TIPPS, TECHNIKEN & STRATEGIEN FÜRS GELDVERDIENEN IM INTERNET, beinhaltet, die Ihr Internetbusiness IN DEN GEWINNHIMMEL SCHIESSEN KÖNNEN!

Wie auch immer, ich habe weiter gemacht und habe mir den Kurs mit dem Titel „The Instant Results Marketing System for the Internet" gesichert.

Es ist schon ein Super-Bestseller geworden, aber ich denke wirklich, dass der Marketingplan, den meine Partner und ich zusammengestellt haben, wird den VERKAUF IN DEN GEWINNHIMMEL KATAPULTIEREN!

Und wenn Sie wollen.. BEKOMMEN SIE DIE GELEGENHEIT, TEIL DARAN ZU HABEN!

Also: Schauen Sie regelmäßig auf unsere Website, es wird sehr, sehr bald etwas veröffentlicht.

Wie auch immer...

UND DAS HIER FINDEN SIE IN DER HEUTIGEN AUSGABE ZUR „CASHFLOW BILDUNG":

„WIE MAN SOFORT ZUM BRANCHEN-FÜHRER WIRD UND DAS EIGENE GESCHÄFT EXPONEN-TIELL „HYPER-BESCHLEUNIGT"!!!

E-MAIL-WERBUNG : HOHE AKZEPTANZ UNTER ONLINE - BENUTZERN

DAS ULTIMATIVE "GEHEIMNIS" FÜR TONNENWEISE WIEDERHOLTEN VERKAUF, LOYA-LITÄTS-BILDUNG UND EINE EXPLOSION VON IHRER MUND-ZU-MUND PROPAGANDA!

WIE MAN SOFORT ZUM BRANCHEN-FÜHRER WIRD UND DAS EIGENE GESCHÄFT EXPONEN-TIELL „HYPER-BESCHLEUNIGT"!!!

Im Grunde gibt es nur drei Wege, wie Sie in Ihrem Geschäft wachsen können. PUNKT.

Hier kommen Details zu jedem dieser Verfahren und einige der Methoden, die Sie nutzen können:

Marketing Prinzipien

Nr. 1) ERHÖHEN SIE DIE ANZAHL DER NEUKUNDEN - durch Strategien wie Werbung, damit verbundene Programme, Direktmail, Telemarketing, Public Relations, usw.

Nr. 2) VERGRÖSSERN SIE DAS VOLUMEN JEDES ABSCHLUSSES – jede Ihrer Transaktionen kann durch folgende Aktionen vergrößert werden: „Querverkauf" von anderen Artikeln, von denen Sie wissen, dass Ihre Kunden sie wollen oder brauchen; oder mit dem Verpacken Ihres Angebots mit verwandten Produkten oder Diensleistungen; oder bei einem zusätzlichen Verkauf im Moment des eigenen Kaufs (Beispiel: Fragen Sie Ihren Kunden in dem Moment, wenn er kauft, ob er auch eine Bestellung für "Pommes" zusammen mit seiner Bestelung aufgeben würde).

Nr. 3) ERHÖHEN SIE DIE FREQUENZ ODER DIE ANZAHL DER VERKÄUFE- das können Sie durch folgende Aktivitäten erreichen: Zusatzangebote von Produkten oder Dienstleistungen, regelmäßige Kommunikation mit Ihren Kunden oder Klienten um eine starke, positive Beziehung zu entwickeln; „spezielle Aktionen" veranstalten.

Das ist es. Prüfen Sie es und denken Sie wirklich darüber nach. Sie werden zu dem gleichen Schluss kommen, dass ... dies die EINZIGEN drei Wege sind, mit denen man das Geschäftsvolumen steigern kann.

Und nun können Sie schätzen, zu welche dieser 3 Methoden man 99%-ig tendiert. Sie haben es erraten. DAS ERHÖHEN DER ANZAHL NEUER KUNDEN (Nr. 1). Mit einem gründlichen Gewinn!

Es ist durchaus nichts Schlimmes. Alle Geschäfte sollten ein System für die Gewinnung neuer Kunden haben. Es heißt nur, dass wenn man keine Möglichkeit hat, um sich auf die Methoden Nr. 2 und Nr. 3 zu konzentrieren, ist es eine

SCHMERZLICH VERPASSTE GELEGENHEIT!!

Haben Sie sich schon mal gewundert, warum das Wachstum mancher Firmen stagniert? Oder wenn sie wachsen... warum ist es so gering oder kaum zu sehen?

Das liegt sehr oft an diesem EINDIMENSIONALEN Verhalten!

Ja, Sie können wachsen, indem Sie sich nur auf die Gewinnung von neuen Kunden konzentrieren, aber wissen Sie was? Sie wachsen nicht so schnell, wie Sie könnten oder sollten!

Ganz einfach deshalb, weil es normalerweise der schwierigste und teuerste Weg ist.

Denken Sie darüber nach. Um zu wachsen, indem Sie neue Kunden gewinnen, müssen Sie normalerweise auch Ihre Werbung intensivieren, Telemarketingpersonal einstellen oder beauftragen,...

(Ende des Beispiels)

Marketing-Methoden

Marketingmethode Nr. 1: Autoresponder

Marketingmethode Nr. 2: Kleinanzeigen

Marketingmethode Nr. 3: Selektiertes E-Mailing

Marketingmethode Nr. 4: Interne Database

Marketingmethode Nr. 5: Website Marketing

MARKETINGMETHODE Nr. 1

AUTORESPONDER

Finden Sie sie nicht auch klasse, diese Autopilot-Konzepte - Systeme, die immer weiter arbeiten, **SOGAR DANN, WENN SIE ES NICHT TUN!**

Ein Autoresponder ist ein wichtiges Werkzeug, das Ihnen dabei hilft, dieses Konzept umzusetzen. Und es ist ein absolutes MUSS für jede Art von Internetmarketing

Was ist ein Autoresponder? Im Grunde ist es so etwas Ähnliches wie Faxabruf, nur meldet sich der Kunde nicht per Telefon, sondern schickt eine E-Mail an Ihren Autoresponder.

Konkret funktioniert ein Autoresponder folgendermaßen:

Nehmen wir einmal an, ein Zielkunde erhält Ihre spannende Nachricht per E-Mail. Oder findet Ihre Kleinanzeige im Internet. Sein Interesse ist geweckt. Er möchte gerne mehr Informationen. Wie kommuniziert er seinen Wunsch?

Über Ihren Autoresponder! Alles, was der Kunde tun muss, ist eine E-Mail an Ihren Autoresponder zu schicken, und er erhält die gewünschten Informationen nur wenige Minuten später!

Ein ziemlich effizientes Werkzeug, das für Sie weiterarbeitet - **SOGAR WÄHREND SIE SCHLAFEN!**

Ein weiterer Riesenvorteil eines Autoresponders besteht darin, dass er die E-Mail-Adresse JEDES EINZELNEN INTERESSENTEN speichert, der Informationen anfordert!

Hat Sie dieser Vorteil jetzt **überzeugt**? Das hoffe ich doch.

Marketing-Methoden

Das ist einfach SUPER. Ein Autoresponder gibt Ihnen die Möglichkeit, eine "Rückmeldungs-Datenbank" mit Adressen von Zielkunden anzulegen, die ihre Hand gehoben haben und Interesse an Ihrem Produkt oder Service bekundet haben. Das ist ein ganz entscheidendes Merkmal, denn wenn Sie erst einmal die E-Mail-Adresse eines Interessenten haben, können Sie diverse Folge-E-mails versenden und haben damit eine reelle Chance, eine **Abschlussquote von 10–30 % zu erreichen!**

Wenn Ihr potenzieller Kunde nicht gleich beim ersten Mal kauft, warum sollten Sie ihm nicht eine zweite E-Mail schicken?

Und wenn er dann immer noch nicht kauft, warum keine dritte E-Mail? Und so weiter und so weiter!

Das nennt man **ZEITLICH VERSETZTE WEITERVERFOLGUNG** oder **SEQUEN-ZIELLE** ABFRAGE (aufeinander folgendes Versenden von Nachrichten). Und in meinem Buch ist dies das **ULTIMATIVE ERFOLGGEHEIMNIS IM DIREKTMARKETING!**

SCHRITT Nr.1:

WÄHLEN SIE DEN
„RICHTIGEN" AUTORESPONDER

Stellen Sie sicher, dass Ihr Autoresponder über folgende Merkmale verfügt:

- Sie sollten die Möglichkeit haben, jederzeit neue Dokumente hochzuladen – direkt von Ihrem eigenen PC.

- Der Autoresponder muss benutzerfreundlich sein. Stellen Sie sicher, dass Ihr Autoresponder in der Lage ist, eine Antwort an den Absender unabhängig vom Inhalt der Betreffzeile oder des Textfeldes seiner E-Mail zu schicken. Mit anderen Worten:

Die einzige Anforderung an den potenziellen Kunden sollte darin bestehen, dass er Ihrem Autoresponder eine Nachricht schickt – und prompt erhält er die gewünschte Information zurück.

- Der Autoresponder sollte E-Mails jeglicher Größe verschicken können.

- Wählen Sie einen Anbieter aus, der Ihnen eine unbegrenzte Anzahl von automatischen Antworten bietet. Das letzte, was Sie brauchen, ist ein Tarif, bei dem jede Antwort einzeln berechnet wird. Besonders dann, wenn Sie anfangen TONNEN von Rückmeldungen zu erhalten.

- **GANZ ENTSCHEIDEND**: Stellen Sie sicher, dass Ihr Autoresponder alle E-Mail-Adressen von Interessenten registriert und speichert. Damit haben Sie die Möglichkeit, mit nächsten E-Mails weiter zu verfolgen und **EINE HOHE ABSCHLUSSQUOTE ZU ERREICHEN!**

- **NOCH EIN WICHTIGES KRITERIUM**: Wenn Sie um neue Kunden werben, stellen Sie sicher, dass Ihr Autoresponder die Fähigkeit hat, „automatisch" FOLGEMAILS zu versendet.

EMPFEHLUNGEN:

1. http://www.reul.de
2. http://www.follow-up-autoresponder.de
3. http:// www.antwortsofort.de
4. Auf der beiliegenden CD-ROM befinden sich zwei Autoresponder. Es sind praxisbewährte Programme. Oder Sie können diese auf der www.erfolgsonline.de herunterladen.

SCHRITT Nr. 2:

INSTALLIEREN SIE AUTORESPONDER FÜR ALLE IHRE KOSTENLOSEN & KOSTENGÜNSTIGEN INTERNET-KLEINANZEIGEN

Ein idealer Ort für den Einsatz von Autorespondern sind die unzähligen kostenlosen und kostengünstigen Kleinanzeigen, die Sie überall im Internet platzieren können. Diese Möglichkeit eignet sich auch **IDEAL** als erste Ausgangsbasis für Ihr Marketing-Vorhaben, vor allem dann, wenn Ihr Budget begrenzt ist.

Für weniger als 50 US-Dollar - und in vielen Fällen sogar ganz umsonst - können Sie Ihre Internet-Marketingkampagne zum Laufen bringen und **schon wenige Tage später die ersten Umsätze generieren!**

Eigentlich gibt es kaum einen Unterschied zwischen Anzeigen, die Sie in "traditionellen" Medien (Tageszeitungen, Magazinen, usw.) veröffentlicht haben und Anzeigen im Internet. **Was in der Offline-Welt funktioniert, funktioniert normalerweise auch in der Online-Welt!**

Und das sind richtig gute Nachrichten! Warum? Weil wir inzwischen ganz genau wissen, wie eine erfolgreiche Kleinanzeige aussieht! Dazu gibt es fast schon eine WISSENSCHAFT.

- Informationen zur richtigen Formulierung und Platzierung Ihrer Kleinanzeige finden Sie im Abschnitt "Kleinanzeigen"

SCHRITT Nr. 3:

INSTALLIEREN SIE AUTORESPONDER FÜR IHRE E-MAIL-MARKETINGKAMPAGNEN

Nein, ich spreche hier nicht über „Spam" (Massen-E-Mails an große Gruppen von Empfängern, die mit dem Absender in keiner Dialogbeziehung stehen). Es gab Zeiten, da war diese Werbeform sehr wirkungsvoll, und in bestimmten Fällen kann das immer noch der Fall sein. Inzwischen sorgen jedoch gesetzliche Richtlinien dafür, dass ein spezifisches und restriktives Vorgehen verlangt wird. Außerdem erhält man auf unerwünschte Spam manchmal negative und sogar aggressive Rückmeldungen. Aus diesen Gründen **KANN ICH VON DIESER ART VON WERBUNG NUR ABRATEN!**

Was ich dagegen wirklich empfehlen kann, E-Mails ausschließlich an selektierte Adressenlisten zu versenden, d. h. auf E-Mail-Adressenlisten von Leuten, die ihr Interesse bekundet und damit einverstanden sind, dass ihnen weitere Informationen einer bestimmten Kategorie zugeschickt werden.

Und die gute Nachricht ist . . . Es gibt **bereits UNZÄHLIGE KATEGORIEN, AUS DENEN AUSGEWÄHLT WERDEN KANN!** Das ist eine wachsende Branche – mehrere Adressenhändler sind bereits gut etabliert, und es kommen ständig neue online dazu.

Weil gut **selektierte Adressenlisten potenzieller Kunden** hoch entwickelt und leicht zugänglich sind, **kann zielgerichtetes E-Mail-Marketing eine der verantwortlichsten, zuverlässigsten und wirkungsvollsten Methoden** sein, die Ihnen zur Verfügung steht, um Ihren ZIELMARKT zu erreichen.

Später erläutere ich Ihnen, welche Einzelmaßnahmen Sie ergreifen sollten, um Ihre **GEZIELTE E-MAIL-KAMPAGNE** erfolgreich zu starten.

Um Ihnen eine Vorstellung davon zu vermitteln, wie der Autoresponder mit Ihren E-Mails funktionieren kann, zeige ich Ihnen hier als Beispiel die E-Mail, die wir zur Vermarktung des gleichen Internet-Kurses verschickt haben. Die E-Mail ging an eine ausgewählte Gruppe von potenziellen Kunden, die daran interessiert waren, ihr Produkt bzw. ihren Service im Internet effektiver zu vermarkten...

BEISPIEL: EINE E-MAIL, DIE IM RAHMEN EINER DATENBANK-KAMPAGNE ZUR WERBUNG FÜR UNSEREN INTERNETKURS EINGESETZT WURDE

Betreff: Wie man praktisch jedes Geschäft, Produkt oder jeden Service übers Internet starten und vermarkten kann!

Hallo,

Ich möchte Ihnen nur kurz einige Informationen zu einem ganz verblüffenden neuen Marketingsystem geben, das mir dabei geholfen hat, mein Geschäft via Internet so richtig zum Laufen zu bringen. Es ist wirklich erstaunlich. Also:

Obwohl wir sogar immer weniger (erheblich weniger) Geld für Werbung ausgeben... gelingt es Hunderten von uns, mithilfe dieses einfachen, Schritt-Für-Schritt Internet-Marketingsystems quasi über Nacht EINE REGELRECHTE UMSATZEXPLOSION zu schaffen!

Das müssen Sie sich anschauen. Um Genaueres zu erfahren, schicken Sie einfach eine E-Mail an (Ihre Autoresponder-Adresse), und Sie erhalten schon nach wenigen Minuten eine Antwort mit weiteren Infos. Ganz unkompliziert.

Bis später – ich melde mich wieder!

Viele Grüße,

Jan

(Ende des Beispiels)

SCHRITT Nr. 4:

INSTALLIEREN SIE AUTORESPONDER FÜR IHRE PLATZIERUNG IN NEWSGROUPS

Newsgroups sind Foren, in denen jeder via E-Mail Nachrichten zu einem bestimmten Thema platzieren kann. Weltweit gibt es sicherlich Zehntausende Newsgroups zu jedem erdenklichen Thema!

Interessieren Sie sich für Aerobic? Dann können Sie an unterschiedlichsten Newsgroups zum Thema Aerobic teilnehmen.

Sind Sie Hundeliebhaber? Es gibt unzählige Tierfreunde, die in irgendwelchen Newsgroups zum Thema "Haustiere" aktiv sind!

Ganz egal, wofür Sie sich interessieren – Sie werden höchstwahrscheinlich eine Newsgroup dazu finden.

ACHTUNG: Viele „Newbies" (brandneue Internet-Nutzer) wissen nicht, dass Newsgroups NICHT für Werbezwecke gedacht sind. Und dass, wenn man es aufdringlich macht, man eine Menge Ärger in Form von bösen und manchmal erniedrigenden E-Mails bekommen kann, mit denen Ihre E-Mail-Adresse regelrecht bombardiert wird. Das ist die Sache nicht wert, deshalb sollten Sie auf jeden Fall Abstand vom Werben in Newsgroups nehmen! (Außer es handelt sich um einen Newsgroup-Typ, der <u>ausdrücklich</u> für Werbezwecke gedacht ist)

Heißt das nun, dass Newsgroups nur einen geringen Marketing-Wert haben? Nein, so habe ich das nicht gemeint. Newsgroups können sogar ein GROSSARTIGES Marketingmedium sein. Sie müssen sie nur richtig nutzen.

Statt direkte Werbung zu betreiben, sollten Sie Newsgroups als Kanal betrachten, über den Sie Ihre Zielgruppe weiterbilden und informieren können. Die beste Methode dazu ist die Veröffentlichung **ARTIKELN** oder **KOSTENLOSEN BERICHTEN**.

Marketing-Methoden

Auch hier können Sie Ihren Autoresponder äußerst wirkungsvoll einsetzen, um E-Mail-Adressen ABZUFANGEN, die Sie dann zu einem späteren Zeitpunkt weiter verfolgen können.

Beispiel: Sagen wir mal, Sie vermarkten ein tolles neues Schlankheitsmittel...

Zu allererst suchen Sie nach Newsgroups zu Themen wie Gewichtsreduktion, Gesundheit & Ernährung, Wellness & Fitness usw., usw.. Dann stellen Sie einen informativen KOSTENLOSEN BEITRAG zusammen und geben ihm einen Titel wie beispielsweise „Wie mir ein neues Nahrungsergänzungsmittel aus England geholfen hat, in nur 35 Tagen 10 Kilo abzunehmen, und meinen Körper dabei in einen Fettverbrennungsofen verwandelt hat".

Ihre Platzierung könnte folgendermaßen aussehen:

Betreff: Interessanter Artikel über ein wirkungsvolles neues Nahrungsergänzungsmittel zum Schlankwerden

Text:

Ich habe gerade den Artikel "Wie mir ein neues Nahrungsergänzungsmittel aus England dabei geholfen hat, in nur 35 Tagen 10 Kilo abzunehmen, und meinen Körper dabei in einen Fettverbrennungsofen verwandelt hat" gelesen.

Er ist ziemlich faszinierend und voll von Berichten über alle möglichen Leute, die mit diesem neuen Mittel schnell und offensichtlich auch sehr sicher abnehmen. Der Text ist 10 Seiten lang, deswegen wollte ich ihn nicht hier abdrucken, wofür ihr vielleicht Online-Zeit bezahlen müsst. Deshalb habe ich ihn in meinen Autoresponder gestellt, so dass ihr ihn euch per E-Mail schicken lassen könnt und ihn dann lesen könnt, wenn ihr Zeit habt.

Um diesen Artikel zu bekommen, schickt einfach eine E-Mail an **(Ihre Autoresponder-Adresse)**, und ihr bekommt den Artikel schon nach ein paar Minuten.

Viel Spaß beim Lesen!

JoAnne

(Ende des Beispiels)

BEMERKUNGEN: Ich hoffe, Sie haben bemerkt, dass die E-Mail klingt, als ob sie von einer „neutralen Person" geschrieben wäre, die einfach „einen guten Tipp" gibt. Das ist eine sehr wirkungsvolle Art, Ihre Newsgroups-Postings zu platzieren. Durch diese **NEUTRALE „Empfehlung"** erhalten Sie viel mehr **GLAUBWÜRDIGKEIT**, und Sie bekommen viel mehr Rückmeldungen, weil es sich nicht nach einer Verkaufsmasche und Werbung anhört.
[Eine wichtige Informationsquelle zu Newsgroups ist Deja News unter http://dejanews.com. Von dort aus können Sie eine Suche nach bestimmten Newsgroup-Kategorien, -Themen und -Typen starten und sogar Beiträge platzieren!].

SCHRITT Nr. 5:

VERKNÜPFEN SIE IHREN AUTORESPONDER ÜBER EINEN LINK MIT THEMATISCH VERWANDTEN WEBSEITEN AUS IHRER BRANCHE

Mit der Methode, die ich Ihnen jetzt vorstelle, können Sie jeden einzelnen Monat

Tausende von Anfragen erzielen. Kontaktieren Sie "verwandte" Webseiten aus Ihrer Branche oder Webseiten, die sich an den selben Zielmarkt richten, und arrangieren Sie mit den Anbietern, dass Sie dort einen Link zur E-Mail-Adresse Ihres Autoresponders postieren dürfen.

Warum sollten die Anbieter dazu bereit sein? Ein Grund könnte darin bestehen, dass Sie einen **KOSTENLOSEN INFORMATIVEN BEITRAG** anbieten (der selbstverständlich am Ende auch Ihren Verkaufsbrief beinhalten sollte), der für die Zielgruppe der Webseite von Interesse und von Nutzen ist. Ihr Artikel könnte dazu beitragen, den guten Ruf der Webseite bei den Nutzern zu festigen.

Einen noch größeren Anreiz können Sie schaffen, indem Sie dem Website-Betreiber einen **gewissen Anteil an den Gewinnen** aus den generierten Anfragen anbieten. Ich garantiere Ihnen, das funktioniert nahezu **IMMER!**

Lassen Sie mich Ihnen ein Beispiel geben, damit Sie sehen, wie das bei Ihnen funktionieren könnte. Sagen wir einmal, Sie verkaufen **Markensoftware**.

Als Allererstes suchen Sie nach verwandten Websites Ihrer Branche, die eine ähnliche Zielgruppe haben. Das tun Sie am besten übers Internet mit einer der großen Suchmaschinen wie Alta Vista, Google, WebCrawler, Yahoo, Excite, Hotbot etc.

Nun müssen Sie für Software im Prinzip nicht allzu zielgerichtet vorgehen. Überlegen Sie mal... Internet-Nutzer und Website-Besucher haben doch zumindest eines gemeinsam: Sie benutzen Software! Mit anderen Worten: Jeder, der eine Webseite betreibt ist eigentlich ein potenzieller Kunde für Sie.

Aber wissen Sie was? Es ist trotzdem immer gut, einen gewissen ZIELMARKT zu suchen.

Unternehmen mit ähnlichen Zielkunden sind zum Beispiel Computer-Consulting-Firmen, Hardware-Anbieter, Computer-Trainer, Web-Designer, Internet Service Provider usw.

Verstehen Sie? All diese Unternehmenstypen haben einen ähnlichen Kundenstamm, der auch an Ihrer Software interessiert sein dürfte.

Wenn Sie gezielt Web-Designer ansprechen möchten, bringt Ihnen eine Internet-Suche unzählige Treffer. Sie können die Anbieter anrufen oder sie per –E-Mail kontaktieren und fragen, ob sie bereit wären, auf ihrer Homepage einen Link zu Ihrem Autoresponder zu installieren, und Ihnen als Gegenleistung einen Anteil an Ihrem Gewinn anbieten. (10–40 % Gewinnanteil sind normalerweise ausreichend, um bei Website-Betreibern ernsthaftes Interesse zu wecken.)

Der Link muss auch gar nicht besonders aufwändig gestaltet sein. Er könnte zum Beispiel so aussehen:

KOSTENLOSER BEITRAG mit wichtigen Tipps zum Kauf von Markensoftware – zu stark reduzierten Preisen! Schicken Sie eine E-Mail an: mailto: günstigesoftware@IhrAutoresponder.com

<u>**WICHTIG:**</u> Wenn Sie sich jemals für den Ansatz mit dem „kostenlosen Beitrag" entscheiden, sollten Sie auch etwas bieten, das inhaltlich wirklich wertvoll ist, und nicht einfach nur einen aufgeblasenen Verkaufsbrief.

Marketing-Methoden

Am besten sind die Verkaufsbriefe, die ihren Lesern interessante Informationen liefern und sie dadurch weiterbilden und ihnen daneben ein Produkt oder einen Service anbieten. Sie können beispielsweise mit einem rein INFORMATIVEN ARTIKEL beginnen und am Ende Ihren Verkaufsbrief anhängen. Oder Sie machen es wie ich und betten WERTVOLLE INFORMATIONEN in Ihren Verkaufsbrief ein.

Wählen Sie die Methode, die Ihnen am meisten liegt.

Egal, wie Sie sich entscheiden – tun Sie diese Idee nicht leicht ab. Diese eine einfache Technik kann Ihnen Monat für Monat über Jahre hinweg Zehntausende potenzieller Kunden bringen... fast ohne Arbeitsaufwand auf Ihrer Seite ... und zu **NULL KOSTEN!**

SCHRITT Nr. 6:

INSTALLIEREN SIE AUTORESPONDER INNERHALB IHRER HOMEPAGE, UM IHRE EIGENE INTERNE "OPT-IN" (SELEKTIERTE) ADRESSENLISTE AUFZUBAUEN

Ein Autoresponder ist ein sehr flexibles, „zeitsparendes" und effizientes Werkzeug, das Sie nutzen können, um einen großen Anteil Ihrer Geschäfts- und Marketingaktivitäten komplett auf **AUTOPILOT** umzustellen.

Außerdem eignet er sich ideal zum Aufbau Ihrer eigenen „internen" **SELEKTIERTEN ADRESSENLISTE** – einer Liste von Kunden und/oder Interessenten, die Ihnen eine Einwilligung zur Zusendung von Informationen und Angeboten gegeben haben.

Sie sollten diese Idee zum Aufbau einer internen Adressenliste durchaus ernst nehmen. Warum? Denn....

> **Wenn Sie Ihre eigene Liste aufbauen und ständig mit Ihren Kunden und Interessenten kommunizieren, praktizieren Sie damit eine der WIRKUNGSVOLLSTEN MARKETINGMETHODEN ÜBERHAUPT!**

Hier ein Beispiel von vor ein paar Jahren...

Damals zählte eine meiner Kundenlisten nur 327 Einträge und bestand aus Leuten, denen ich ein hochwertiges Software-Programm verkauft hatte. Obwohl die Liste so kurz war, wollte ich doch mit allen diesen Kunden in regelmäßigem Kontakt bleiben, und zwar mithilfe eines monatlichen Newsletters.

Statt mich nun darauf zu konzentrieren, diesen Kunden jeden Monat wieder irgend etwas Neues zu verkaufen, lieferte ich ihnen mit meinen Newslettern interessante Informationen, die sie direkt verwerten konnten. Damit will ich nicht sagen, dass Sie überhaupt keine Angebote machen sollten. Ich meine nur, wenn Sie den Newsletter-Weg wählen, sollte der Inhalt mindestens zu 50 % aus **NÜTZLICHEN INFORMATIONEN** bestehen.

Wenn Sie so vorgehen, können die Ergebnisse **RICHTIG GIGANTISCH** werden, wenn Sie später wirklich etwas zu verkaufen haben!

Ein neues Produkt, das ich damals entwickelt habe, war ein „Marketing Führer" für Direktmarketing – und es eignete sich hervorragend für meine Liste mit den 327 Kunden. Also waren das selbstverständlich die Ersten, die mein Angebot erhielten.

Das Ergebnis? 49 Abschlüsse in weniger als 3 Wochen! Zu einem Preis von 395 US-Dollar pro Einheit!

Lassen Sie uns mal nachrechnen... 49 Verkäufe x 395 Dollar = 19.355 US-Dollar!

Meine Kosten? Null. Die Briefe wurden alle per E-Mail verschickt, und das KOSTET ABSOLUT NICHTS!

Dazu kommt noch: 49 Verkäufe aus nur 327 Zielkunden bedeuten eine Abschlussquote von 15 %!

BAUEN SIE SICH EINE INTERNE SELEKTIERTE ADRESSENLISTE AUF... BLEIBEN SIE DRAN... BLEIBEN SIE STÄNDIG IN KONTAKT... BIETEN SIE HOCHWERTIGE PRODUKTE AN... DANN GIBT ES KEINEN GRUND AUF DER WELT, WARUM SIE NICHT DIE GLEICHEN ODER SOGAR NOCH BESSERE ERGEBNISSE ERZIELEN SOLLTEN!

Marketing-Methoden

Hier einige Tipps, wie Sie Autoresponder in Ihre Homepage integrieren können, um Ihre eigene INTERNE SELEKTIERTE ADRESSENLISTE zu entwickeln:

- Bieten Sie einen kostenlosen NEWSLETTER an – Diese Methode finde ich am besten, weil sie es Ihnen ermöglicht, ein positives Verhältnis, eine "Verbindung" zu Ihren Kunden und potenziellen Kunden aufzubauen. Und wenn Ihnen das gelingt, haben Sie bereits einen riesengroßen Wettbewerbsvorteil gegenüber Ihrer Konkurrenz.

Wenn Sie diesen Weg wählen, sollten Sie darauf achten, dass Ihr Newsletter mehr enthält als nur eine Reihe von Verkaufsangeboten, also zum Beispiel wertvolle Ratschläge und Informationen, Tipps des Monats, Produkt-Updates, Hinweise auf neue Produkte, Preissenkungen, Spezialangebote, die Sie mit anderen Unternehmen ausgehandelt haben, Lagerverkäufe usw., usw.

Um das zu bewerkstelligen, sollte ein Feld auf Ihrer **Menüleiste** „KOSTENLOSER NEWSLETTER" oder „KOSTENLOSE ANGEBOTE" oder ähnliches beinhalten. Wenn der Besucher dieses Feld anklickt, sollte er zu einer Seite mit konkreteren Angaben zum Newsletter geführt werden, auf der er seinen Namen, Kontaktinformationen und E-Mail-Adresse eingeben kann, wenn er den Newsletter abonnieren möchte.

WICHTIG: Weil sich so viele Leute heutzutage Sorgen um Ihre Privatsphäre machen und Datenschutz zurzeit ein großes Thema ist, sollten Sie eine Erklärung der folgenden Art abgeben:

> Dies ist eine **PRIVATE ADRESSENLISTE**. Die Adressen werden weder zu irgendeinem Zweck verkauft noch auf andere Weise weitergegeben. Sie können sich selbstverständlich jederzeit wieder abmelden.

Am Ende des Formulars sollten Sie ein Feld installieren (der dann Ihren Autoresponder aktiviert), auf dem so etwas steht wie „Bestellung abschicken" oder „Für ein Abonnement hier klicken". Der Besucher erhält dann automatisch die neuste Ausgabe Ihres Newsletters.

Wird dieses Feld erst einmal angeklickt, haben Sie nicht nur Ihren neuesten Newsletter verschickt, sondern auch die Kundenadresse für zukünftige E-Mails abgefangen! Ganz einfach, aber äußerst effektiv!

[Wenn Ihnen das mit der Installation alles zu „technisch" klingt – zerbrechen Sie sich nicht den Kopf darüber! Es ist alles ziemlich einfach und geht ganz schnell. Der SERVICEPROVIDER Ihrer Homepage kann das sicher für Sie erledigen – und zwar IM HANDUMDREHEN!]

- Bieten Sie einen KOSTENLOSEN BERICHT an - Stellen Sie einen überzeugenden, informativen Artikel zusammen, von dem Sie ganz sicher wissen, dass Ihr Zielmarkt daran interessiert ist und ihn zu schätzen weiß. Bieten Sie ihn KOSTENLOS auf Ihrer Website an. Konzept und Ansatz sollten dem des Newsletters entsprechen.

Beispiel: Nehmen wir an, Sie bieten Hilfe bei der Erstellung von Steuererklärungen. Dann könnten Sie einen Artikel schreiben und ihn folgendermaßen offerieren:

KOSTENLOSER BERICHT zum Thema Steuersparen. Wie Sie Ihre Abgaben um 75 % reduzieren können, ohne horrende Summen beim Steuerberater zu lassen? Schicken Sie eine E-Mail an steuernsparen@IhreAutoresponderadresse.com

Hat ein Interessent erst einmal den Artikel angefordert, haben Sie seine E-Mail-Adresse – und können ihn regelmäßig kontaktieren. Der Report, den der Kunde erhält, sollte übrigens eine Erklärung der folgenden Art enthalten:

Neben diesem kostenlosen Report genießen Sie jetzt noch einen weiteren Vorteil: Wir haben Sie in unsere interne Adressliste aufgenommen und werden Sie auch in Zukunft mit wertvollen Steuerspartipps und –Informationen, Produkt-Updates, Hinweisen auf neue Produkte, speziellen Angeboten usw. beliefern. Das ist unsere Art, Ihnen FÜR IHR INTERESSE ZU DANKEN. Und kein Grund zur Sorge – dies ist eine PRIVATE ADRESSLISTE, von der Sie sich jederzeit wieder abmelden können.

- **Installieren Sie Autoresponder zu jedem einzelnen Artikel auf Ihrer Website** – Diese Methode wird zwar selten angewandt, ist aber sehr wirkungsvoll. Und effektiv. Ergänzen Sie jeden Artikel, den Sie auf Ihrer Website veröffentlichen, am Ende durch ein kurzes Angebot wie beispielsweise „Wenn Sie eine Kopie dieses Artikels für Ihre Unterlagen möchten, klicken Sie bitte hier". Und was klickt der Besucher hier an? Ihren Autoresponder, der dann automatisch eine Kopie des Beitrags verschickt und gleichzeitig die E-Mail-Adresse für Sie einfängt!

Wie die KOSTENLOSEN BERICHTE, sollten Sie auch Artikelkopien durch eine Erklärung der folgenden Art ergänzen:

Als SPEZIELLEN SERVICE haben wir Sie in unsere interne Adressenliste aufgenommen und werden Sie auch in Zukunft mit wertvollen Tipps & Strategien, Produkt-Updates, Hinweisen auf neue Produkte, speziellen Angeboten usw. beliefern. Das ist unsere Art, Ihnen FÜR IHR INTERESSE ZU DANKEN. Und kein Grund zur Sorge – dies ist eine PRIVATE ADRESSENLISTE, von der Sie sich jederzeit wieder abmelden können.

SCHRITT Nr. 7:

SETZEN SIE AUTORESPONDER EIN, UM IHR GESCHÄFT ZU AUTOMATISIEREN... UND IHR ARBEITSPENSUM ZU VERRINGERN!

Wäre es nicht grandios, mehr Zeit zu haben für Dinge, die SIE tun wollen, mit weniger Stress, einem super Einkommen, und das alles langfristig.... Dazu brauchen Sie

> eine vorhersehbare, schlüsselfertige, hohe Umsätze generierende Marketing-Maschine, die immer weiter arbeitet – sogar dann, wenn Sie es nicht tun!!!

Wenn es das ist, was Sie wollen, kann Ihnen die **Autoresponder-Technik** dabei helfen, Ihr Ziel zu erreichen!

Meiner Ansicht nach ist der Autoresponder ein sehr flexibles, zeitsparendes und effizientes Werkzeug, das Sie nutzen können, um einen großen Anteil Ihrer Geschäfts-, Marketing-, PR- und Kundenservice-Aktivitäten komplett auf **AUTOPILOT** umzustellen.

Hier ein Paar ganz unterschiedliche Möglichkeiten, wie Sie einen Autoresponder einsetzen können, um Ihr Geschäft zu automatisieren und Ihr Arbeitspensum zu verringern:

- Nutzen Sie einen Autoresponder zur Beantwortung von häufig gestellten Fragen zu Ihren Produkten und Serviceleistungen.

Beispiel: Ein Interessent sieht Ihre Anzeige und fordert Zusatzinformationen an. Nachdem er Ihren Verkaufsbrief gelesen hat, hat er noch weitere Fragen. Wie können Sie diese Fragen beantworten? Dazu gibt es ganz unterschiedliche Lösungen.

Wahrscheinlich besteht immer die Möglichkeit, dass Sie Ihre Telefonnummer zugänglich machen, aber darüber hinaus? Warum stellen Sie nicht ein Dokument mit **HÄUFIG GESTELLTEN FRAGEN** zusammen, laden es in Ihren Autoresponder und geben Ihren Zielkunden die Option, dieses Dokument DIREKT VOM VERKAUFSBRIEF AUS einzusehen?

Am Ende des Briefs könnte ein Text der folgenden Art stehen:

NOCH FRAGEN? Dann schicken Sie bitte eine E-Mail mit beliebigem Inhalt an antworten@IhreAutoresponderadresse.com und Sie erhalten sofort eine Antwort-E-Mail mit dem Titel „Häufig gestellten Fragen zu unserer AccuSpider Software?". Wenn Sie möchten, können Sie stattdessen auch unser Marketing-Büro direkt unter der Nummer xxxxxxxx, Mo – Fr. 9 – 17 Uhr, erreichen.

- Sie können Autoresponder auch einsetzen, um automatisch Marketing-Material zu all Ihren Produkten und Serviceleistungen zu verschicken! Nehmen wir einmal an, Sie haben 10 –20 unterschiedliche Produkte in Ihrem Portfolio... warum sollten Sie nicht einfach für jedes einzelne davon einen VERKAUFSBRIEF auf unterschiedliche Autoresponder laden?

Hier ein Beispiel, wie das bei Ihnen aussehen könnte...

Sagen wir, Sie vermarkten direkt von Ihrer Website aus eine Produktlinie mit diversen Schlankheitsmitteln. Eines der Felder in Ihrer Menüleiste könnte beispielsweise lauten **UNSERE PRODUKTE**.

Wenn ein Interessent nun dieses Feld anklickt, öffnet sich eine Seite, auf der jedes einzelne Ihrer Produkte beschrieben wird. Diese Seite könnten Sie folgendermaßen gestalten...

Sie könnten jeden Produktnamen durch eine kurze Beschreibung und durch ein **BILD** ergänzen.

Eine der Beschreibungen könnte beispielsweise lauten:

„Wie mir ein neues natürliches Nahrungsergänzungsmittel aus dem Orient dabei geholfen hat, in nur 90 Tagen 15 Kilo abzunehmen!" Erstaunlich, aber wahr. Erfahren Sie mehr darüber, wie eine übergewichtige Mutter von 2 Kindern und Tausende Männer und Frauen mit ganz unterschiedlichen Lebensumständen jetzt AncientSecret™ anwenden, um **AUTOMATISCH, SICHER und SUPERSCHNELL** ihr Gewicht zu reduzieren!!

Um weitere KOSTENLOSE INFORMATIONEN zu erhalten, schicken Sie einfach eine E-Mail an ancientsecret@Ihr-Autoresponder.com, und Sie erhalten schon nach wenigen Minuten eine Antwort.

Ich kann mir schon vorstellen, was einige von Ihnen vielleicht denken... „Warum soll ich den Verkaufsbrief denn nicht gleich auf der Website platzieren?" Das könnten Sie vermutlich schon tun, so wie viele anderen auch, aber ich meine, es gibt gute Gründe, Interessenten an den Autoresponder zu leiten:

Nr. 1) So kommen Sie an die E-Mail-Adressen!

Nr. 2) Sie können diese mit einer stark zielgerichteten Kampagne weiterverfolgen. Wenn ein Zielkunde Informationen zu AncientSecret? anfordert, dann wissen Sie, dass da jemand am Abnehmen interessiert ist, und Sie können sich bei Ihren zukünftigen Rundschreiben ohne viel Aufwand auf das Thema „schnelle Gewichtsreduktion" und auf dieses spezielle Produkt konzentrieren.

- Sie können Autoresponder einsetzen, um an jeden einzelnen, der Ihnen oder Ihrer Firma eine E-Mail schickt hat, eine automatische E-Mail zu versenden.

Ich versichere Ihnen, eine unverzügliche Rückmeldung auf eine E-Mail kann für Ihr Image WUNDER wirken, weil Sie auf diese Weise Ihre Kunden wissen lassen, dass Sie SCHNELL REAGIEREN und KUNDENSERVICE-ORIENTIERT denken und handeln.

Hier ein Beispiel, wie Ihre E-Mail lauten könnte:

Hallo,

diese E-Mail wurde automatisch verschickt, um Sie wissen zu lassen, dass wir Ihre Mail erhalten haben. Obwohl wir versuchen, alle E-Mails innerhalb weniger Stunden zu beantworten, haben Sie bitte Verständnis dafür, dass uns das nicht immer gelingt, weil wir pro Tag Hunderte von Anfragen erhalten. Deshalb dauert es manchmal bis zu 48 Stunden, bis Sie von uns hören.

Um unseren Service noch weiter zu verbessern, möchten wir Ihnen die Möglichkeit geben, jetzt gleich eine E-Mail an eine der folgenden Adressen zu schicken. Die gewünschten Informationen erhalten Sie dann in wenigen Minuten.

- Um Antworten zu den am häufigsten gestellten Fragen zu unsrer „Accudata" Software zu erhalten, schicken Sie bitte eine E-Mail an fragen@IhrAutoresponder.com.

- Für Informationen zum Bestellmodus schicken Sie bitte eine E-Mail an jetztbestellen@IhrAutoresponder.com

- Eine Liste mit Lösungen für die gängigsten „technischen" Problemen können Sie über **technischelösungen@IhrAutoresponder.com anfordern**.

Herzlichen Dank. Uns liegt sehr viel am Erfolg Ihres Unternehmens!

Mit freundlichen Grüssen,

Sue

Kundenservice

(Ende des Beispiels)

Marketing-Methoden

Wenn Sie dann irgendwann eine E-Mail-Anfrage beantworten, können Sie Ihre Zielkunden dabei einfach auf den passenden Autoresponder verweisen und sie darum bitten, Ihnen nochmals eine Mail zu schicken, falls immer noch Fragen offen geblieben sind.

Ziemlich einfach, oder? Nehmen Sie die Möglichkeit, Autoresponder einzusetzen, ernst. Der Autoresponder ist ein sehr effizientes Werkzeug, das Ihnen dabei hilft, Ihr Geschäft in eine einfach zu bedienende, quasi automatisch gesteuerte Cashflow-Maschine zu verwandeln!

MARKETINGMETHODE Nr. 2

KOSTENLOSE UND KOSTENGÜNSTIGE KLEINANZEIGEN

Kleinanzeigen sind eine einfache und billige Methode für den Einstieg ins Internet-Marketing. Aber nicht nur das – sie sind auch ÄUSSERST WIRKUNGSVOLL!

Für weniger als 100 US-Dollar und oft sogar KOSTENLOS können Sie eine Internet-Direktmarketing-Kampagne auf die Füße stellen und schon ein paar Tage später die ersten Umsätze generieren!

Eigentlich gibt es kaum einen Unterschied zwischen Anzeigen in "traditionellen" Medien (wie Tageszeitungen, Magazinen usw.) und Anzeigen im Internet. **Was in der Offline-Welt funktioniert, funktioniert normalerweise auch in der Online-Welt!**

Und das sind richtig gute Nachrichten! Warum? Weil wir inzwischen ganz genau wissen, wie eine erfolgreiche Kleinanzeige aussieht! Dazu gibt es fast schon eine WISSENSCHAFT.

Viele große Versandhändler haben ihr Geschäft damit begonnen, dass sie ihre Produkte und Dienstleistungen über winzige Kleinanzeigen beworben haben. Die meisten praktizieren diese Methode auch weiterhin.

Sie wollen Beweise? Schauen Sie sich alte Ausgaben von Zeitschriften mit einer umfangreichen Kleinanzeigen-Rubrik an – und Sie werden eine Menge Anzeigen finden, die Monat für Monat immer wieder auftauchen. Viele davon... **LAUFEN ÜBER MEHRERE JAHRE!**

Ist das nicht toll? Im Grunde genommen ist es so: **Wenn Sie einmal einen TREFFER gelandet haben, stehen die Aussichten gut, dass er weiterhin gut für Sie arbeiten wird und Ihre Umsätze für <u>lange</u>, <u>lange</u> Zeit sichert!**

Was Sie sich auch einmal ansehen sollten, sind die Kleinanzeigen-Rubriken von Online-Diensten wie AOL. Sie werden viele Einzelpersonen und Unternehmen finden, die dort <u>durchgängig</u> Anzeigen veröffentlichen – jede einzelne Woche.

WO MAN KLEINANZEIGEN VERÖFFENTLICHEN SOLLTE

Als erstes sollten Sie eine Veröffentlichung Ihrer Anzeigen bei den **GROSSEN ONLINE-DIENSTEN (AOL, Compuserve und MSN)** in Erwägung ziehen.

AOL beispielsweise ist das beliebteste Forum für die Platzierung von Anzeigen. Besonders interessant ist die Rubrik „Free Ads" (kostenlose Anzeigen). Aber sogar in der kostenpflichtigen Rubrik „Premier Ads" – für die Sie bezahlen müssen, kann man wirklich zu SCHNÄPPCHENPREISEN veröffentlichen. Als ich letztes Mal dort geworben habe, hat mich das für eine Laufzeit von 30 Tagen und bis zu 100 Wörtern nur 19,95 US-Dollar gekostet!

Das Ergebnis bestand zwar nicht in UNMENGEN von Anfragen, denn mein Produkt erforderte eine Investition von 1.500 US-Dollar, aber dafür war die QUALITÄT der Rückmeldungen exzellent. Und das war auch das Ziel, das ich mir bei dieser Kampagne gesetzt hatte - ganz spezifische potenzielle Kunden zu bekommen, nicht nur Unmengen von Anfragen.

Hätte ich mir als Ziel gesetzt, UNMENGEN von Anfragen zu erhalten, hätte ich einfach die Investitionshöhe weggelassen. Das Ergebnis? Die 19,95 US-Dollar brachten mir 12 Anfragen, 2 Abschlüsse und **EINE GANZ BEACHTLICHE GEWINNMARGE!**

Um bei AOL Anzeigen schalten zu können, müssen Sie zuerst AOL-Mitglied werden. Das kostet Sie 19 bis 25 US-Dollar pro Monat.

Ein recht geringer Preis, wenn man bedenkt, dass Sie dadurch die Möglichkeit erhalten, ständig kostenlose oder billige Kleinanzeigen zu veröffentlichen – meinen Sie nicht auch?

Um bei AOL vom Hauptmenü aus zur Kleinanzeigen-Rubrik zu kommen, klicken Sie zuerst auf „Marketplace", dann auf „Classifieds & Advertising". Hier können Sie nun wählen, ob Sie „Premier Ads" (kostenpflichtigen Anzeigen) veröffentlichen wollen oder ob Sie an einem der „Bulletin Boards" KOSTENLOSE Anzeigen platzieren möchten.

<u>WICHTIGER HINWEIS, FALLS SIE IHRE ANZEIGE IN DER AOL-RUBRIK "BULLETIN BOARD" VERÖFFENTLICHEN:</u> Damit Ihre Anzeige möglichst weit OBEN erscheint, versuchen Sie, sie möglichst kurz nach dem Annahmeschluss des Vortags (6 Uhr EST = Eastern Standard Time) einzugeben. Weil diese Rubrik so stark genutzt wird, erscheint Ihre Anzeige wahrscheinlich nur über einen kurzen Zeitraum. Um also mit dieser Methode **maximale Wirkung** zu erzielen, sollten Sie Ihre Anzeige im Prinzip alle 3 – 5 Tage neu einstellen.

<u>COMPUSERVE-NUTZER:</u> Wie bei AOL müssen Sie auch bei Compuserve zuerst Mitglied werden. Für 20 bis 30 US-Dollar pro Monat können Sie die Compuserve-Shopping Mall besuchen, an den Diskussionsforen teilnehmen und dann die Möglichkeit nutzen, Ihr Produkt bzw. Ihren Service über Kleinanzeigen bewerben.

Ich meine, die Investition lohnt sich... **Sie erhalten dadurch die Möglichkeit, einige Ihrer Kleinanzeigen zu veröffentlichen!** Ja, die Rubriken SIND kostenpflichtig, aber sie zu nutzen, verschafft Ihnen nach Marketing-Gesichtspunkten sogar einen Wettbewerbsvorteil! Warum? Weil diese Rubriken nicht so überfüllt sind, was die Wahrscheinlichkeit erhöht, dass Ihre Anzeige auch wirklich gelesen wird.

WICHTIGER HINWEIS: Annahmeschluss für Kleinanzeigen bei Compuserve ist um 6 Uhr (EST = Eastern Standard Time). Wer seine Anzeige gleich nach 6 Uhr eingibt, hat die besten Chancen auf einen Platz ganz oben!

Marketing-Methoden

WERBUNG IN E-ZINES (ONLINE-ZEITSCHRIFTEN)

Ihre zweite Option für die Veröffentlichung von Kleinanzeigen sind die diversen E-Zines (Newsletter bzw. „elektronische Magazine", die Ihnen per E-Mail zugeschickt werden), die sich an Ihren Zielmarkt richten. Das Gute daran ist: Es gibt Tausende von E-Zines zu den unterschiedlichsten Themen.

Kleinanzeigen in E-Zines zu platzieren zählt zu meinen favorisierten Marketingmethoden, weil sich dadurch sehr reale Chancen ergeben, nahezu Millionen potenzieller Kunden zu erreichen – und das zu sagenhaft günstigen Konditionen! Meiner Ansicht nach sollten Sie diese Option in Ihren Marketing-Mix aufnehmen. Werbung in E-Zines zählt zu den günstigsten und wirkungsvollsten Strategien überhaupt.

Um E-Zines zu finden, die auf Ihren Zielmarkt gerichtet sind, durchsuchen Sie einfach eine der zahlreichen Enzines-„Adressbücher", wie z.B. folgende:

http://www.zdb.spk-berlin.de
http://www.bib-info.de
http://www.leserservice.de
http://www.abodirekt.de

Nachdem Sie einmal gute und viel versprechende E-Zines herausgefunden haben, starten Sie einen kleinen, günstigen Testlauf.

Sehen Sie, das ist es, warum ich Direktmarketing liebe. Sie müssen nie große Summen riskieren um herauszufinden, ob Ihre Anzeige gewinnbringend ist oder nicht. Und mit Kleinanzeigen und E-Zines funktioniert es nicht anders!

Suchen Sie sich einfach 1 oder 2 E-Zines heraus, um Ihre Anzeige zu testen. Wenn sie gewinnbringend ist, wiederholen Sie die Veröffentlichung und investieren Sie Ihren Gewinn wieder in anderen E-Zines. Das ist alles, was Sie tun müssen.

Und so funktioniert es für jeden, der Millionen von potenziellen Kunden erreichen möchte – unabhängig von der Größe des Budgets.

KLEINANZEIGEN IM INTERNET (WORLD WIDE WEB)

Die dritte Stelle, wo Sie Ihre Kleinanzeigen platzieren sollten ist im World Wide Web, d.h. im Internet selbst! Da gibt es heutzutage Tausende von Seiten, die kostenlose oder kostengünstige Veröffentlichung von Kleinanzeigen anbieten.

Hier ist eine Internetsite, die als Portal zu mehr als 1.000 kostenlosen und kostengünstigen Kleinanzeigen fungiert http://www.uran.net/imall/mother.html

Sie müssen nur eine der aufgelisteten Seiten auswählen, die aufgeführten Kategorien prüfen und dann Ihre Anzeige in der Sektion veröffentlichen, die am besten für Ihr Angebot geeignet ist. Das ist alles.

Welche sind die besten Seiten, um kostenlose Anzeigen zu platzieren? Viele Veteranen im Internet behaupten, dass sie die besten Ergebnisse auf AOL oder Yahoo bekommen. Über AOL haben wir bereits gesprochen. Auf Yahoo können Sie Ihre Anzeigen unter http://yahoo.com platzieren.

Auf den folgenden Seiten zeige ich Ihnen das System, mit dem wir für unsere Kleinanzeigen gearbeitet haben. . .

SCHRITT Nr.1:

INSTALLIEREN SIE EINEN AUTORESPONDER, DAMIT SIE IHR ANFANGSANGEBOT „AUTOMATISCH" AN IHRE ZIELKUNDEN BRINGEN UND DEREN E-MAIL-ADRESSEN ABFRAGEN KÖNNEN!!

Finden Sie sie nicht auch klasse, diese Autopilot-Konzepte – oder Systeme, die immer weiter arbeiten, **SOGAR DANN, WENN SIE ES NICHT TUN!**

Nun, ein Autoresponder ist ein wichtiges Werkzeug, das Ihnen dabei hilft, dieses Konzept umzusetzen.

Was ist ein Autoresponder? Im Grunde ist es so etwas ähnliches wie Faxabruf, nur meldet sich der Kunde nicht per Telefon, sondern schickt eine **E-Mail** an Ihren Autoresponder.

Konkret **funktioniert ein Autoresponder folgendermaßen:**

Nehmen wir einmal an, ein Zielkunde erhält Ihre spannende Nachricht per E-Mail. Sein Interesse ist geweckt. Er möchte gerne mehr Informationen. Wie kommuniziert er seinen Wunsch?

Über Ihren Autoresponder! Alles, was der Kunde tun muss, ist eine E-Mail an Ihren Autoresponder zu schicken, und er erhält die gewünschten Informationen nur wenige Minuten später!

Ein ziemlich effizientes Werkzeug, das für Sie weiterarbeitet – **SOGAR WÄHREND SIE SCHLAFEN!**

Ein weiterer **Riesenvorteil** eines Autoresponders besteht darin, dass er die E-Mail-Adresse JEDES EINZELNEN INTERESSENTEN speichert, der weitere Informationen anfordert!

Hat Sie dieser Vorteil jetzt **überzeugt**? Das hoffe ich doch.

Das ist einfach SUPER. Ein Autoresponder gibt Ihnen die Möglichkeit, eine "Rückmeldungs-Datenbank" mit Adressen von Zielkunden anzulegen, die Interesse an Ihrem Produkt oder Service bekundet haben. Das ist ein ganz entscheidendes Merkmal, denn wenn Sie erst einmal die E-Mail-Adresse eines Interessenten haben, können Sie diverse Folge-E-Mails versenden und haben damit eine reelle Chance, eine **Abschlussquote von 10 bis 30 % zu erreichen!**

Wenn Ihr potenzieller Kunde nicht gleich beim ersten Mal kauft, warum sollten Sie ihm nicht eine zweite E-Mail schicken? Und wenn er dann immer noch nicht kauft, warum keine dritte? Und so weiter und so weiter!

Das nennt man ZEITLICH VERSETZTE WEITERVERFOLGUNG oder SEQUENZIELLE ABFRAGE (aufeinander folgendes Versenden von Nachrichten). Ich halte dies für das ULTIMATIVE ERFOLGGEHEIMNIS IM DIREKTMARKETING!

<u>Stellen Sie sicher, dass Ihr Autoresponder über folgende Merkmale verfügt:</u>

- Sie sollten die Möglichkeit haben, jederzeit neue Dokumente hochzuladen – direkt von Ihrem eigenen PC.

- Der Autoresponder muss **benutzerfreundlich** sein. Stellen Sie sicher, dass Ihr Autoresponder in der Lage ist, eine Antwort an den Absender unabhängig vom Inhalt der Betreffzeile oder des Textfeldes seiner E-Mail zu schicken. Mit anderen Worten: Die einzige Anforderung an den potenziellen Kunden sollte darin bestehen, dass er Ihrem Autoresponder eine Nachricht schickt – und prompt erhält er die gewünschte Information zurück geschickt.

- Der Autoresponder sollte <u>E-Mails jeglicher Größe verschicken</u> können.

- Wählen Sie einen Anbieter aus, der Ihnen eine unbegrenzte Anzahl von automatischen Antworten bietet.

Das letzte, was Sie brauchen, ist einen Tarif, bei dem jede Antwort einzeln berechnet wird. Besonders in dem Moment, wenn Sie anfangen TONNEN von Rückmeldungen zu erhalten.

- **GANZ ENTSCHEIDEND:** Stellen Sie sicher, dass Ihr Autoresponder alle E-Mail-Adressen von Interessenten registriert und speichert. Damit haben Sie die Möglichkeit, die nächsten E-Mails weiter zu verfolgen und **EINE HOHE ABSCHLUSSQUOTE ZU ERREICHEN!**

- **NOCH EIN WICHTIGES KRITERIUM:** Wenn Sie für neue Kunden werben, stellen Sie sicher, dass Ihr Autoresponder die Fähigkeit hat, „automatisch" FOLGEMAILS zu versendet.

EMPFEHLUNGEN:

1. http://www.reul.de
2. http://www.follow-up-autoresponder.de
3. http:// www.antwortsofort.de
4. Auf der beiliegenden CD-ROM befinden sich zwei Autoresponder. Es sind praxisbewährte Programme. Oder Sie können diese auf der www.erfolgsonline.de herunterladen.

- Statt Ihre Kunden zu Ihrem Autoresponder zu leiten, können Sie sie zu Ihrem **AUTOMATISCHEN ANRUFBEANTWORTER MIT EINER SPRACHNACHRICHT (ÜBER EINE KOSTENLOSE TELEFONNUMMER) LEITEN, UM DEREN NAMEN UND ADRESSEN ABZUFANGEN.**

Heißt: Statt eine E-Mail für die Detailanfrage zu schicken, kann ein potenzieller Kunde, der einen Telefonhörer in die Hand nimmt, um WEITERE INFORMATIONEN zu verlangen, durchaus oft viel ernsthafter interessiert sein.

Und Sie haben die Möglichkeit, so viel Information wie möglich, abzufragen: Name, Postadresse, Telefonnummer, Faxnummer, E-Mail-Adresse.

SPRACHNACHRICHT AUF EINEM ANRUFBEANTWORTER ODER REGULÄRER TELEFONANSCHLUSS?

Ein „besprochener" elektronischer Anrufbeantworter kann 10 Mal EFFIZIENTER sein, als ein "regulärer" Telefonanschluss, zu dem Sie Ihre Kunden leiten. Warum? Nun, überlegen Sie mal. Der Interessent, der mehr zum Thema herausfinden möchte, läuft nicht Gefahr, an einen lebendigen Verkäufer zu geraten, der mit aller Gewalt versucht, ihn zum Kauf zu verleiten.

Das Ergebnis? Mehr Interessenten, die bereit sind anzurufen und mehr Informationen zu verlangen!

Meiner Meinung nach lautet einer der WIRKUNGSVOLLSTEN Sätze, die Sie in Ihrer Werbung nutzen können **„Sie können uns 24 Stunden anrufen und eine kostenlose elektronische Nachricht erhalten"** – oder irgendeine Variation davon.

<u>Hier ein Beispiel, wie die meisten Leute Anzeigen veröffentlichen:</u>

Golfchampion enthüllt erstaunliche neue Technik,
die Ihnen bis zu 10 Schlägen bei einem
Golfspiel spart – erlernbar in 21 Tagen oder
noch schneller! Garantiert!

Rufen Sie 0180-………. an, um mehr darüber zu erfahren.

Ziemlich gute Anzeige, die die Aufmerksamkeit von Golfern erregen würde, meinen Sie nicht auch? Wären Sie nicht auch interessiert, wenn Ihnen am Golfspiel ernsthaft etwas liegt, selbst wenn die Versprechung etwas bescheidener wäre?

Was wäre wenn wir unsere einfache, „kostenlose Nachricht" einbringen und es sich liest wie folgt:

Golfchampion enthüllt erstaunliche neue Technik,
die Ihnen bis zu 10 Schlägen bei einem Golfspiel spart
– erlernbar in 21 Tagen oder noch schneller - garantiert!
Rufen Sie 0180-………. an, um sich eine
kostenlose Nachricht anzuhören.

Es ist eine feine und einfache Änderung, aber versetzen Sie sich einmal in die Lage des Interessenten. Auf welche Anzeige wären <u>Sie selbst</u> eher bereit zu antworten?

Ich kann es Ihnen aufgrund von Dutzenden von Tests verraten, die wir den großen Unterschied ausgemacht!

Es kann eine schwache Kampagne in einen entscheidenden SENSATIONSHIT umwandeln. Es hat die Antworten-Rate um sagenhafte 300% in die Höhe geschossen. Es hat sterbende Kampagnen wieder belebt.

So, ich schätze, Sie können jetzt sagen, dass diese **„magischen Worte"** bewiesen haben, dass sie es absolut wert sind **GOLDEN** genannt zu werden!

Erinnern Sie sich: Die Leute wollten nicht, dass man ihnen etwas verkauft, sie wollen INFORMIERT werden.

Bieten Sie ihnen eine Möglichkeit, mehr Informationen zu erhalten – von zu Hause aus und ohne die „Gefahr", sich „schwer bewaffneter" Verkaufstaktik auszusetzen – und Sie werden es mit TONNEN von stärker interessierten potenziellen Kunden zu tun bekommen – und das jedes Mal!!

EMPFOHLENE ANRUFBEANTWORTER-SYSTEME (USA):

Nr. 1) One Plus Marketing. Telefon 1-800-864-2362. Kosten betragen 9,9 Cent pro Minute. Speichert automatisch die Telefonnummer des Anrufers.

Nr. 2) Discount Voice Mail. Telefon 1-800-967-3034. Kosten betragen 10 Cent pro Minute. Bietet auch Nicht-Kostenlose Telefonnummern an.

Nr. 3) Central Calling System. Tel. 1-800-955-5001 (kostenlos) oder 1-916-962-2789.

<u>SCHRITT Nr. 2</u>: (Für Autoresponder–Nutzer)

LADEN SIE IHREN VERKAUFSBRIEF IN IHREN AUTORESPONDER

Für den Einsatz eines Autoresponders gibt es zwei wichtige Gründe:

Nr. 1) Sie können damit Ihr Verkaufsargument an Ihre Zielkunden bringen, und

Nr. 2) Sie können damit die **E-Mail-Adressen Ihrer Zielkunden sammeln**, damit Sie dranbleiben können, falls sie nicht gleich beim ersten Mal kaufen... und Sie können die Namen und E-Mail-Adressen in Ihre selektierte E-Mail-Adressenliste aufnehmen.

<u>WICHTIGE HINWEISE</u>: Vor dem UPLOAD Ihres Verkaufsbriefs in Ihren Autoresponder müssen Sie ihn in ein Textformat konvertieren. Sie sollten also beim Verfassen Ihrer Verkaufsbriefe darauf achten, dass die Zeilen nicht länger als 65 – 75 Zeichen sind, so dass die Buchstaben richtig ausgerichtet sind und nicht gequetscht aussehen.

Marketing-Methoden

SCHRITT Nr. 2: (Für Nutzer von Anrufbeantwortern mit einer Sprachnachricht)

SPRECHEN SIE IHRE NACHRICHT AUF IHREN ANRUFBEANTWORTER

Wenn Sie Ihre Mailbox (elektronischen Anrufbeantworter) besprechen, denken Sie daran, **ENERGIE** und **LEIDENSCHAFT** in Ihre Stimme zu legen. Leidenschaft verkauft gut!

Hier als Beispiel ein Text, den ich für unseren DIREKTMARKETINGKURS verwendet habe:

Hallo, mein Name ist _____ und ich bin Direktmarketing-Unternehmer. Vielen Dank für Ihren Anruf und Ihr Interesse an **WEITEREN** Informationen über das ULTIMATIVE „Marketing-Erfolgsrezept", mit dem Sie Ihre Umsätze rapide steigern können!

Mit demselben Rezept ist es mir gelungen, **meine Arbeitszeit drastisch zu verkürzen und mein Leben wieder lebenswert zu machen, die tägliche Routine zu verlassen** – und das in weniger als 3 Monaten!

So...

Sind Sie bereit, mehr darüber zu erfahren, wie Sie quasi sofort eine Umsatzlawine in Gang bringen können – ganz egal, in welcher Branche Sie zu Hause sind?

Möchten Sie gerne wissen, wie ich es geschafft habe, mein Geschäft in einen Selbstläufer zu verwandeln – automatisch gesteuert, ohne Verkaufsdruck und äußerst lukrativ?

Und wie IHNEN das ohne großen Aufwand auch für IHR Geschäft gelingen kann?!?

Sind Sie bereit, Ihrer Konkurrenz HÖREN UND SEHEN VERGEHEN ZU LASSEN?!?

Dann habe ich sehr, sehr aufregende Nachrichten für Sie!

Um KOSTENLOS NÄHERE INFOS zu erhalten, hinterlassen Sie bitte Ihren Namen, Ihre Postanschrift sowie Ihre Telefon- und Faxnummer.

Ich wiederhole: Ihren Namen, Ihre Postanschrift sowie Ihre Telefon- und Faxnummer. Und ich werde Ihnen UMGEHEND per Eilpost KOSTENLOSE INFORMATIONEN zukommen lassen!

Wenn sie außerdem den Vorteil eines zeitlich begrenzten **KOSTENLOSEN PROBEABONNEMENTS** unseres **Newsletters** genießen wollen, nennen Sie uns bitte auch noch Ihre E-Mail-Adresse.

Alles klar? Nochmals vielen Dank für Ihren Anruf... und hier kommt der Piepton.

SCHRITT Nr. 3:

SCHALTEN SIE KLEINANZEIGEN!

Der große Vorteil von Kleinanzeigen besteht darin, dass Ihre Anzeige in **SPEZIELLEN KATEGORIEN** platziert wird. Wie in den Gelben Seiten.

Wer nach einem Job sucht, inseriert normalerweise in der Rubrik „Stellengesuche". Wer Ideen zum Aufbau eines Heimbüros sucht, schaut in der Rubrik „Geschäftsideen" nach.

Mit anderen Worten: Kleinanzeigen bringen Ihnen die potenziellen Zielkunden, die zumindest ein gewisses Interesse an dem haben, was Sie zu bieten haben. Ein großer Vorteil. Und deshalb schlägt das Kleinanzeigen-Konzept auch jederzeit jeden teuren Massenmarketing-Ansatz, der einfach nur blind „schießt"!

<u>Hier sind 3 wichtige Tipps zur richtigen Platzierung von Kleinanzeigen:</u>

Nr. 1) Stellen Sie sicher, dass Sie Ihre Anzeige in der **RICHTIGEN KATEGORIE** veröffentlichen. Sehen Sie sich ALLE in Frage kommenden Kategorien genau an – BEVOR Sie Ihre Anzeige platzieren!

Nr. 2) Formulieren Sie Ihre Kleinanzeige so, als würden Sie eine SCHLAGZEILE schreiben. Wissen Sie noch, wie wichtig Schlagzeilen sind?

SCHLAGZEILEN SIND ZU 90 % FÜR DEN ERFOLG IHRER MARKETING-BOTSCHAFT VERANTWORTLICH!!

Das ist richtig. Die Schlagzeile ist sozusagen fast alles.

Behandeln Sie Ihre Kleinanzeige, als wäre sie eine Schlagzeile, und Sie können eigentlich nichts falsch machen.

Lassen Sie uns ein echtes Beispiel anschauen. Hier ist eine Anzeige, die ich auf AOL gesehen habe, unter GESUNDHEIT / FITNESS:

HABEN SIE DIESE WOCHE SCHON ABGENOMMEN? WIR KÖNNEN HELFEN. Schnell * Sicher * Effektiv * Auf natürlicher Basis. Rufen sie uns an 0180…KOSTENLOS.

Was denken Sie? Schöne Vorteile, oder? Aber vielleicht NICHT in einer genug erzwingenden Form präsentiert.

Denken Sie daran, **Ihre Schlagzeile muss IHREN LESER GENAU ZWISCHEN DIE AUGEN TREFFEN und IHM DEN ATEM VERSCHLAGEN!!** Ich denke nicht, dass diese Anzeige das erreicht hat.

Und so hätte ich die gleiche Anzeige vielleicht selbst geschrieben:

Kostenloser Bericht enthüllt wie ich auf natürliche Weise meinen Körper in eine fettverbrennende Maschine umgewandelt und sofort 8 Kilo in nur 45 Tagen abgenommen habe! Senden Sie eine E-Mail an fettverbrennung@Ihrautoresponder.com und Sie bekommen in nur wenigen Minuten diesen kostenlosen Bericht per E-Mail !.

Oder . . .

Kostenloser Bericht enthüllt wie ich auf natürliche Weise meinen Körper in eine fettverbrennende Maschine umgewandelt und sofort 8 Kilo in nur 45 Tagen abgenommen habe! Wählen Sie 0180-xxxx (24 Stunden am Tag), um sich eine kostenlose Sprachnachricht anzuhören – mit weiteren Details, wie Sie zu Ihrem kostenlosen alles verändernden Bericht kommen.

Hier sind einige Kleinanzeigen, die wir geschaltet haben, um unseren DIREKTMARKETINGKURS zu vermarkten und die sich als „Gewinner" entpuppt haben:

Wie man sofortige Gewinn-Explosion in ihrem Geschäft erreicht, die Verschwendung von Werbegeld eliminiert und die KONKURRENZ ABSOLUT IN DEN STAUB SCHLÄGT! Senden Sie nur eine E-Mail an cashflow@ihrautoresponder.com und Sie erhalten in nur wenigen Minuten Ihren **kostenlosen Bericht** per E-Mail.

Wie man alle Anfragen und Kunden, die Sie für Ihr Geschäft brauchen, bekommt . . . 100% garantiert! Senden Sie einfach eine E-Mail an cashflow@ihrautoresponder.com und Sie bekommen Ihren in nur wenigen Minuten **kostenlosen Bericht** per E-Mail.

Sie haben alle gelacht, als ich diese kleine Anzeige für 35$ geschaltet habe – aber nicht mehr als ich 81 Anfragen bekommen habe!! Rufen Sie an (24 Std. am Tag) um sich eine **KOSTENLOSE SPRACHNACHRICHT** anzuhören: 0180-xxxx, Apparat 103.

Wie ich mein scheiterndes Geschäft in eine sofort Gewinn bringende Maschine umgewandelt habe! Rufen Sie an (24 Std. am Tag) um sich eine **KOSTENLOSE SPRACHNACHRICHT** anzuhören: 0180-xxxx, Apparat 104.

KOSTENLOSER REPORT enthüllt, wie man sofortige **Gewinn**-Explosion in ihrem Geschäft erreicht! Rufen Sie an (24 Std. am Tag) um sich eine **KOSTENLOSE SPRACHNACHRICHT** anzuhören: 0180-xxxx, Apparat 105.

Hier sind einige Anzeigen, die ich geschaltet habe, um eine Geschäftsidee zu vermarkten:

Sie haben alle gelacht als ich meine neue Direktmarketing-Firma gegründet habe – aber nicht mehr, als ich 6.453,- Dollar in nur 7 Tagen verdient habe! Um einen kostenlosen Bericht zu bekommen, senden Sie eine E-Mail an heisseinfos@ihrautoresponder.com und Sie bekommen Ihre Informationen in nur wenigen Minuten per E-Mail.

Wie man der täglichen 8.00 bis 17.00 Uhr Routine entflieht und bis zu mehrere Tausend Dollar im Monat verdient – bei nur 3-4 Stunden Arbeit pro Tag! Eine Sprachnachricht mit Details ist unter 0180-xxxx, Apparat xxxx zu erfahren.

Marketing-Methoden

> Kostenloser Bericht enthüllt wie ich 2.468,21 Dollar in den ersten 7 Tagen meines neuen Direktmarketing-Geschäfts verdient habe! Kein persönlicher Verkauf. Senden Sie eine E-Mail an heissesgeschaeft@ihrautoresponder.com und Sie bekommen in nur wenigen Minuten Ihren **kostenlosen Bericht** per E-Mail.

Hier das Beispiel einer Anzeige für den Verkauf von Software übers Internet:

> **Wie man Top-Markensoftware für weniger** als den Einzelhandelspreis kauft! Senden Sie eine E-Mail an software@ihrautoresponder.com und Sie bekommen in nur wenigen Minuten Ihren **kostenlosen Bericht** per E-Mail.

SCHRITT Nr. 4:

PROGRAMMIEREN SIE IHREN AUTORESPONDER
SO, DASS ER ZIELKUNDEN, DIE AUF BRIEF NR. 1
NICHT REAGIERT HABEN, EINE „ZWEITE BENACHRICHTIGUNG" SCHICKT

Wie lange sollten Sie warten, bevor Sie eine „**zweite Benachrichtigung**" schicken? Ungefähr 7 Tage.

Diese Strategie heißt **ZEITLICH VERSETZTE WEITERVERFOLGUNG** oder **SEQUENZIELLE ABFRAGE** und ist eine der WIRKUNGSVOLLSTEN Methoden, um Ihre Umsätze zum EXPLODIEREN zu bringen.

Wenn es jemals ein so genanntes „Geheimrezept" im Direktmarketing gegeben hat – dann ist es das! Deshalb: **Prägen Sie sich diesen Schritt gut ein.**

Dieses Rezept kann den Unterschied zwischen „So-la-la"-Ergebnissen und einem **SPEKTAKULÄREN ERFOLG** bedeuten!

Der einzige Unterschied zwischen Ihrem zweiten Brief und der ersten Autoresponder-Nachricht besteht darin, dass Sie irgendwie darauf hinweisen, dass dies eben schon der „zweite Kontakt" ist, und dass der erste und der zweite Absatz darauf Bezug nehmen, dass der ERSTE BRIEF bereits verschickt wurde.

Hier ein „Beispiel", wie ich die ersten Absätze meines zweiten Verkaufsbriefs für ein Software-Produkt, geeignet fürs Internet, formuliert habe.....

Zweite Benachrichtigung

Hallo,

auf Ihre Anfrage hin habe ich Ihnen diesen Brief vor ungefähr einer Woche schon einmal zugeschickt. Und weil ich bisher noch nichts von Ihnen gehört habe, könnte ich mir vorstellen, dass Sie den Brief vielleicht verlegt haben oder noch keine Zeit gefunden haben, ihn zu lesen.

Ich denke nicht, dass Sie noch viel länger warten wollen – insbesondere dann nicht, wenn Sie daran interessiert sind, Ihrem Geschäft GANZ NEUE DIMENSIONEN zu eröffnen!

(Ende des Beispiels)

Marketing-Methoden

SCHRITT   Nr. 5: (Für Nutzer von Anrufbeantwortern mit einer Sprachnachricht)

HÖREN SIE IHREN
ANRUFBEANTWORTER JEDEN TAG AB!

Entnehmen Sie Ihrem Anrufbeantworter alle Namen, Adressen, Telefonnummer, und E-Mail-Adressen und halten Sie sie in einer organisierten Ablage.

Es ist absolut **ENTSCHEIDEND**, dass Sie Ihren Anrufbeantworter **JEDEN EINZELNEN TAG** abhören! Das ist **WIRKLICH WICHTIG**.

Warum bestehe ich auf etwas, was eigentlich selbstverständlich ist? Lassen Sie mich erklären …

Als ich eine Untersuchung anderer Unternehmen, die mit Kleinanzeigen arbeiten, durchgeführt habe, nur um zu sehen, wie die „Konkurrenz" arbeitet, fing ich zunächst bei den die öfter geschalteten Anzeigen an und habe überall Informationen angefordert.

Wissen Sie, was das **ERSTAUNLICHSTE** Ergebnis war? Es hat im Durchschnitt 2 bis 4 Wochen gedauert, bis ich die versprochenen **KOSTENLOSEN DETAILS** bekommen habe!

2 bis 4 Wochen!

Ich garantiere Ihnen, wenn es bei Ihnen auch SO lange dauert, bis Sie Ihre Detailinformationen an Ihre potenzielle Kunden schicken, sinken Ihre Chancen, einen Abschluss zu machen, RAPIDE.

Also tun Sie es nicht. **Zögern Sie nicht. Sie müssen Ihre KOSTENLOSEN DETAILINFORMATIONEN innerhalb von 24 bis 48 Stunden** liefern!

SCHRITT Nr. 5: (Für Autoresponder-Nutzer – Letzter Schritt)

PROGRAMMIEREN SIE IHREN AUTORESPONDER SO, DASS ER ZIELKUNDEN, DIE AUF BRIEF NR. 2 NICHT REAGIERT HABEN, EINE "DRITTE UND LETZTE BENACHRICHTIGUNG" SCHICKT

Wieder sollten Sie 7 Tage warten, nachdem Sie Ihrem potenziellen Kunden Ihre **Zweite Benachrichtigung** geschickt haben, bevor Sie die „**Dritte und Letzte Benachrichtigung**" versenden.

Der einzige Unterschied zwischen Ihrem dritten und letzen Brief und der ersten und zweiten Nachricht besteht darin, dass Sie irgendwie darauf hinweisen, dass dies eben schon der "dritte und letzte Kontakt" ist und darauf Bezug nehmen, dass der ERSTE und ZWEITE BRIEF bereits verschickt wurden.

Hier ein „Beispiel", wie ich die ersten Absätze meines dritten und letzten Verkaufsbriefs für eine Internet-Software formuliert habe.....

Dritte und letzte Benachrichtigung

Hallo,

auf Ihre Anfrage hin habe ich Ihnen in den letzen paar Wochen diesen Brief schon mehrmals zugeschickt. Und als ein Unternehmer muss ich sagen ...

dass es mir etwas rätselhaft vorkommt, dass ich von Ihnen bisher nichts gehört habe. Wie auch immer, ich möchte Sie zum letzen Mal ansprechen – nur für den Fall, dass Sie die Briefe vielleicht verlegt haben oder noch keine Zeit gefunden haben, sie zu lesen.

Ich denke wirklich nicht, dass Sie noch viel länger warten wollen – insbesondere dann nicht, wenn Sie daran interessiert sind, Ihrem Geschäft GANZ NEUE DIMENSIONEN zu eröffnen! Hier kommt mein Brief also noch einmal.

(Ende des Beispiels)

SCHRITT Nr. 5: (Für Nutzer von Anrufbeantwortern mit einer Sprachnachricht)

SENDEN SIE IHREN POTENZIELLEN KUNDEN IHREN VERKAUFSBRIEF PER E-MAIL, FAX ODER POST AM SELBEN ODER AM FOLGENDEN TAG, AN DEM SIE DEREN NAMEN UND ADRESSEN NOTIERT HABEN

Eines der wichtigsten Dinge, die Sie lernen sollten, ist die Kunst, SUPER WERBETEXTE zu schreiben, bei denen schon beim Lesen der Puls des Interessenten in die Höhe getrieben wird und er die Brieftasche zückt. Natürlich braucht es dazu etwas Fleiß und Übung, aber ich bin wirklich davon überzeugt, dass jeder ein wirkungsvoller Werbetexter werden kann.

Ich habe nicht genug Platz, eine komplette Einführung ins Werbetexten zu geben, aber ein paar Grundsätze möchte ich Ihnen doch mitteilen:

WERBETEXT-GRUNDSATZ NR. 1: Schreiben Sie auf persönliche und zwanglose Art – so, wie Sie auch mit Freunden reden würden.

WERBETEXT-GRUNDSATZ NR. 2: Teilen Sie Ihre Begeisterung mit dem Leser – denn Ihr Angebot ist ja wirklich eine tolle Sache. Seien Sie aber nicht schwärmerisch. Belegen Sie alle Behauptungen. Die besten Belege sind Kundenaussagen. Je mehr Referenzen Sie vorlegen können, desto **BESSER**!

Das beste Buch über die Kunst, wirksame Werbebriefe zu schreiben kommt von Dan Kennedy, und heißt "The Ultimate Sales Letter". Tun Sie sich einen Gefallen und kaufen Sie sich dieses Buch SO SCHNELL ES IRGENDWIE GEHT!

Vielleicht sollten Sie sich auch den „**Ad Magic**" Heimkurs besorgen – wahrscheinlich der beste Kurs, wenn es darum geht, zu lernen wie man **SUPER-WERBETEXTE UND VERKAUFSBRIEFE** schreibt.

Wenn Sie Ihre Verkaufsbriefe per Post verschicken, ist es entscheidend, WIE Sie die Adresse auf dem Umschlag gestalten. Das hört sich zwar selbstverständlich an, ist aber tatsächlich ein entscheidender Faktor.

Gestalten Sie den Umschlag so **persönlich** wie möglich! Warum? Weil viele Leute alles wegwerfen, was nach Werbung und Massensendung aussieht, ohne es sich auch nur anzuschauen. Ein Brief, der persönlich aussieht, wird zumindest geöffnet!

Hier die besten Tipps, wie Sie so einen PERSÖNLICHEN Eindruck erwecken können:

Nr. 1) Wenn Sie oder jemand aus Ihrem Team eine gute Handschrift haben, lassen Sie die Umschläge per Hand beschriften. Das ist normalerweise die beste Methode, Briefe zu „personalisieren".

Marketing-Methoden

Nr. 2) Die zweitbeste Methode, Briefe zu „personalisieren", besteht darin, Name und Adresse des Empfängers auf den Umschlag zu tippen, zusammen mit Ihrem Absender <u>nur</u> in der linken oberen Ecke.

- Adressaufkleber sollten Sie nur dann benutzen, wenn das Mailing an <u>Bestandskunden oder Stammkunden</u> geht oder an Personen, zu denen Sie bereits eine Beziehung aufgebaut haben. Aber selbst dann sollten Sie immer darauf achten, dass der Eindruck so **persönlich** wie möglich ist.

Was den Typ des Umschlags angeht, sollte ein **16 x 23 cm brauner oder weißer Umschlag** erste Wahl sein, in dem Ihr Verkaufsbrief in der Mitte gefaltet eingelegt wird, mit der SCHLAGZEILE nach oben.

Effektiv ist auch ein 1/3 DIN A4 mit einem in einer Standardform, aber mit der **SCHLAGZEILE nach oben** gefalteten Brief,

SCHRITT Nr. 6: (Für Nutzer von Anrufbeantwortern
mit einer Sprachnachricht)

**SCHICKEN SIE ZIELKUNDEN, DIE AUF
BRIEF NR. 1 NICHT REAGIERT HABEN,
BRIEF NR. 2 - PER E-MAIL, FAX ODER POST**

Wie lange sollten Sie warten, bevor Sie Brief Nr. 2 schicken? Ungefähr 7 Tage, wenn Sie per E-Mail verschicken oder faxen und 10 bis15 Tage, wenn Sie mit der Post versenden.

Wir haben über diese Strategie schon früher gesprochen - im Teil Marketingprinzipien.

Diese Strategie heißt ZEITLICH VERSETZTE WEITERVERFOLGUNG oder SEQUENZIELLE ABFRAGE und ist eine der WIRKUNGSVOLLSTEN Methoden, um Ihre Umsätze zum EXPLODIEREN zu bringen.

Wenn es jemals ein so genanntes „Geheimrezept" im Direktmarketing gegeben hat – dann ist es das! Deshalb: Prägen Sie sich diesen Schritt gut ein.

Dieses Rezept kann den Unterschied zwischen „So-la-la"-Ergebnissen und einem SPEKTAKULÄREN ERFOLG bedeuten!

Der einzige Unterschied zwischen Ihrem zweiten Brief und dem ersten besteht darin, dass Sie irgendwie darauf hinweisen, dass dies eben schon der „zweiter Brief" oder die „zweite Nachricht" ist, und dass der erste Absatz darauf Bezug nimmt, dass der ERSTE BRIEF bereits verschickt wurde.

SCHRITT Nr. 7: (Für Nutzer von Anrufbeantwortern mit einer Sprachnachricht)

SCHICKEN SIE ZIELKUNDEN, DIE AUF BRIEF NR. 2 NICHT REAGIERT HABEN, BRIEF NR. 3 – PER E-MAIL, FAX ODER POST

Und auch hier gilt: wenn Sie mit der Post verschicken, sollten Sie mit dem dritten Brief 10 bis15 Tage warten, nachdem Sie Ihren Brief Nr. 2 geschickt haben und ungefähr 7 Tage, wenn Sie faxen oder per E-Mail versenden.

Der einzige Unterschied zwischen Ihrem Brief Nr.3 und dem zweiten besteht darin, dass Sie irgendwie darauf hinweisen, dass dies eben schon die **„letzte Benachrichtigung"** und dass der erste Absatz darauf Bezug nimmt, dass der ERSTE UND ZWEITE BRIEF bereits verschickt wurden.

MARKETINGMETHODE Nr. 3

ZIELGERICHTETES SELEKTIVES E-MAIL-MARKETING

Zielgerichtetes „selektives" Marketing per E-Mail ist die <u>wirksamste</u>, <u>effizienteste</u> und <u>kostengünstigste</u> Methode die heutzutage zum Einsatz gebracht wird, um Kundenkontakte und -Anfragen zu generieren.

Wissen Sie, was ich an E-Mail-Marketing so faszinierend finde?

Ganz einfach die Tatsache, dass alles, was bei Direktmarketing per Post funktioniert, FAST IMMER auch ebenso gut als E-Mail funktioniert! Und manchmal sogar.....**NOCH BESSER!**

Was ist daran so besonders? Das will ich Ihnen gerne erklären.........

Sehen Sie, meiner Meinung nach ist Direktmarketing per Post der beste Weg, ins Schwarze zu treffen und **GEEIGNETE potenzielle Kunden** zu erreichen, die HÖCHST-WAHRSCHEINLICH AN IHREM PRODUKT INTERESSIERT SIND, WAS AUCH IMMER SIE VERMARKTEN!

Das einzige Problem sind die <u>Kosten</u>. Die meisten Leute heben nicht genügend Mittel, solange herumzuprobieren, bis sie einen Treffer landen. Aber ...

BEIM ZIELGERICHTETEN SELEKTIVEN MARKETING PER E-MAIL WIRD DER KOSTENFAKTOR NAHEZU ELIMINIERT!

Für einen Bruchteil der normalen Portokosten können „Tausende" wirklich interessierter potenzieller Kunden weltweit erreicht werden!

Nein, ich spreche hier nicht über „Spam" (Massen-E-Mails an große Gruppen von Empfängern, die mit dem Absender in keiner Dialogbeziehung stehen). Es gab Zeiten, da war diese Werbeform <u>sehr wirkungsvoll</u>, und in bestimmten Fällen kann das immer noch der Fall sein. Inzwischen sorgen jedoch gesetzliche Richtlinien dafür, dass ein <u>spezifisches</u> und <u>restriktives</u> Vorgehen verlangt wird. Außerdem erhält man auf unerwünschte Spam manchmal negative und sogar aggressive Rückmeldungen. Aus diesen Gründen **KANN ICH VON DIESER ART VON WERBUNG NUR ABRATEN!**

Was ich dagegen wirklich empfehlen kann, E-Mails ausschließlich an **selektierte Adressenlisten** zu versenden, d. h. auf E-Mail-Adressenlisten von Leuten, die ihr Interesse bekundet und damit einverstanden sind, dass ihnen weitere Informationen einer **<u>bestimmten Kategorie</u>** zugeschickt werden.

Und die gute Nachricht ist . . . Es gibt bereits **UNZÄHLIGE KATEGORIEN, AUS DENEN AUSGEWÄHLT WERDEN KANN!** Das ist eine wachsende Branche – mehrere Adressenbroker sind bereits gut etabliert, und es kommen ständig neue online dazu.

Was macht E-Mail-Marketing so <u>schlagkräftig</u> und <u>wirksam</u>? Es gibt viele Gründe, aber einer der **WICHTIGSTEN** ist die Tatsache, dass Sie **klar definierte Adressenlisten von potenziellen Kunden erhalten können** – die für Ihr Angebot optimal zugeschnittenen Zielgruppen von Leuten, die bereits ein ähnliches Produkt, Programm oder Service gekauft oder angefordert haben oder ihr Interesse daran bekundet haben.

Angenommen, Sie verkaufen ein „natürliches" Vitamin- und Nahrungsergänzungsmittel. Ihre selektive Adressliste beinhaltet also Adressen von Leuten, die sich für „alternative" Arten von Medizin interessieren. Das ist kein Problem, denn E-Mail-Adresslisten solcher Interessenten sind rasch verfügbar.

Oder angenommen, Sie bieten einen Kurs für Immobilienmakler an und wollen ein Angebot an Makler und Immobilienverwaltungen senden. Auch das ist kein Problem. Natürlich gibt es Listen mit solchen E-Mail-Adressen!

Wie Sie sehen, weil **Adresslisten geeigneter potenzieller Kunden** gut entwickelt und gut zugänglich sind, **kann zielgerichtetes selektives E-Mail-Marketing einer der sichersten Methoden sein**, um Ihren ZIELMARKT zu erreichen. Eine Methode, auf die man sich verlassen kann.

Beim selektiven zielgerichteten E-Mail-Marketing kommt es auf Beständigkeit und Steigerung der Werbung bei steigenden Gewinnen an - und nicht etwa auf einen exorbitant hohen Werbeetat - wenn Sie Ihr Geschäft zu einem **FLORIERENDEN UND HOCHPROFITABLEN UNTERNEHMEN** machen wollen.

Wenden wir uns nun also den einfachen Schritten unseres „Systems" zu, um damit sicher zu stellen, dass Ihre Online-Werbeerfahrung EIN RIESIGER ERFOLG WIRD!

SCHRITT Nr.1:

INSTALLIEREN SIE EINEN „AUTORESPONDER",
DAMIT SIE IHR ANFANGSANGEBOT „AUTOMATISCH" AN IHRE ZIELKUNDEN BRINGEN UND DEREN E-MAIL-ADRESSEN ABFRAGEN KÖNNEN!!

Finden Sie sie nicht auch klasse, diese Autopilot-Konzepte – oder Systeme, die immer weiter arbeiten, **SOGAR DANN, WENN SIE ES NICHT TUN!**

Nun, ein Autoresponder ist ein wichtiges Werkzeug, das Ihnen dabei hilft, dieses Konzept umzusetzen.

Marketing-Methoden

Was ist ein Autoresponder? Im Grunde ist es so etwas ähnliches wie Faxabruf, nur meldet sich der Kunde nicht per Telefon, sondern schickt eine **E-Mail** an Ihren Autoresponder.

Konkret funktioniert ein Autoresponder folgendermaßen:

Nehmen wir einmal an, ein Zielkunde erhält Ihre spannende Nachricht per E-Mail. Sein Interesse ist geweckt. Er möchte gerne mehr Informationen. Wie kommuniziert er seinen Wunsch?

Über Ihren Autoresponder! Alles, was der Kunde tun muss, ist eine E-Mail an Ihren Autoresponder zu schicken, und er erhält in wenigen Minuten die gewünschten Informationen!

Ein ziemlich effizientes Werkzeug, das für Sie arbeitet - **SOGAR WÄHREND SIE SCHLAFEN!**

<u>Plus</u>, ein weiterer **Riesenvorteil** eines Autoresponders besteht darin, dass er die E-Mail-Adresse JEDES EINZELNEN INTERESSENTEN speichert, der weitere Informationen anfordert!

Hat Sie dieser Vorteil jetzt überzeugt? Das hoffe ich doch.

Das ist einfach SUPER. Ein Autoresponder gibt Ihnen die Möglichkeit, eine "Rückmeldungs-Datenbank" mit Adressen von Zielkunden anzulegen, die ihr Interesse an Ihrem Produkt oder Service bekundet haben. Das ist ein ganz entscheidendes Merkmal, denn wenn Sie erst einmal die E-Mail-Adresse eines Interessenten haben, können Sie diverse Folge-E-Mails versenden und haben damit eine reelle Chance, eine **Abschlussquote von 10 bis 30 % zu erreichen!**

Wenn Ihr potenzieller Kunde nicht gleich beim ersten Mal kauft, warum sollten Sie ihm nicht eine zweite E-Mail schicken?

Und wenn er dann immer noch nicht kauft, warum keine dritte E-Mail? Und so weiter und so weiter!

Dies heißt ZEITLICH VERSETZTE WEITERVERFOLGUNG oder SEQUENZIELLE ABFRAGE (aufeinander folgendes Versenden von Nachrichten). Und in meinem Buch ist dies das ULTIMATIVE ERFOLGGEHEIMNIS IM DIREKTMARKETING!

Stellen Sie sicher, dass Ihr Autoresponder über folgende Merkmale verfügt:

- Sie sollten die Möglichkeit haben, jederzeit neue Dokumente hochzuladen – direkt von Ihrem eigenen PC.

- Der Autoresponder muss benutzerfreundlich sein. Stellen Sie sicher, dass Ihr Autoresponder in der Lage ist, eine Antwort an den Absender unabhängig vom Inhalt der Betreffzeile oder des Textfeldes seiner E-Mail zu schicken. Mit anderen Worten: Die einzige Anforderung an den potenziellen Kunden sollte darin bestehen, dass er Ihrem Autoresponder eine Nachricht schickt – und prompt erhält er die gewünschte Information zurück geschickt.

- Der Autoresponder sollte **E-Mails jeglicher Größe** verschicken können.

- Wählen Sie einen Anbieter aus, der Ihnen eine unbegrenzte Anzahl von automatischen Antworten bietet. Das letzte, was Sie brauchen, ist ein Tarif, bei dem jede Antwort einzeln berechnet wird. Besonders dann, wenn Sie anfangen TONNEN von Rückmeldungen zu erhalten.

- **GANZ ENTSCHEIDEND**: Stellen Sie sicher, dass Ihr Autoresponder alle E-Mail-Adressen von Interessenten registriert und speichert. Damit haben Sie die Möglichkeit, Folge-E-Mails zu versenden und EINE HOHE ABSCHLUSSQUOTE ZU ERREICHEN!

- **NOCH EIN WICHTIGES KRITERIUM**: Wenn Sie um neue Kunden werben, stellen Sie sicher, dass Ihr Autoresponder die Fähigkeit hat, "automatisch" FOLGEMAILS zu versendet.

SCHRITT Nr. 2:

LADEN SIE IHREN VERKAUFSBRIEF IN IHREN AUTORESPONDER

Für den Einsatz eines Autoresponders gibt es zwei wichtige Gründe:

1.) Sie können damit Ihr Verkaufsargument an Ihre Zielkunden bringen, und **2.)** Sie können damit die **E-Mail-Adressen Ihrer Zielkunden sammeln**, damit Sie dranbleiben können, falls sie nicht gleich beim ersten Mal kaufen... und Sie können die Namen und E-Mail-Adressen in Ihre selektive E-Mail-Adressenliste aufnehmen.

WICHTIGE HINWEISE: Vor dem UPLOAD Ihres Verkaufsbriefs in Ihren Autoresponder müssen Sie ihn in ein Textformat konvertieren. Sie sollten also beim Verfassen Ihrer Verkaufsbriefe darauf achten, dass die Zeilen nicht länger als 65 – 75 Zeichen sind, so dass die Buchstaben richtig ausgerichtet sind und nicht gequetscht aussehen.

SCHRITT Nr. 3

KREIEREN SIE DIE „NEUGIER WECKENDE" BOTSCHAFT FÜR IHRE E-MAIL

Hier sind einige Bespiele, die Ihnen dabei helfen, eine effektive und neugierig machende Nachricht für Ihre E-Mail zu komponieren:

Marketing-Methoden

- Sie müssen mit einer atemberaubenden Schlagzeile kommen (dass ist Ihre Betreff-Zeile). Überlegen Sie, was Ihr größter Vorteil ist und versuchen Sie ihn in Ihre Schlagzeile einzuarbeiten. Und wenn Sie können, erwecken Sie auch mit Ihrem Vorteil Neugier. Das funktioniert im Internet ganz gut.

- Schreiben Sie Ihre Botschaft und Ihren Verkaufsbrief im persönlichen Umgangston – als ob Sie eine Nachricht an einen guten Freund schicken.

- Versuchen Sie nicht in Ihrer Neugier weckenden Botschaft ZU VIEL auszusagen. Ihre **EINZIGE** Aufgabe ist es, den Interessenten dazu zu bringen, den NÄCHSTEN Schritt zu tun, also entweder eine E-Mail an Ihren Autoresponder zu schicken oder Ihren Anrufbeantworten mit einer Sprachnachricht anzurufen oder Ihre Website zu besuchen. Konzentrieren Sie sich daran, Ihren TOP VORTEIL Nr. 1 und 2 zu kommunizieren.

- Versuchen Sie, Ihre Nachricht nicht länger als 10 bis 20 Zeilen zu halten.

- Wenn Sie können, bieten Sie etwas KOSTENLOSES an. (Kostenlose Konsultation, kostenloser Bericht, kostenlose Analyse, kostenloses Einstiegsangebot, kostenlose Software, usw., usw.)

Ein kostenloses Angebot kann Ihre Rücklaufquote dramatisch erhöhen!

Hier eine Neugier weckenden E-Mail-Nachricht, die ich für einen meiner Klienten geschrieben habe – eine auf Website-Betreiber ausgerichtete Nachricht, die erfolgreich für die Vermarktung von Online-Superstores genutzt wurde:

Betreff: Entdecken Sie das Vermögen, dass in Ihrer Website versteckt liegt!

Hallo,

Ich habe sehr spannende Neuigkeiten für alle, die für Ihr Geschäft eine Website nutzen! Wenn Sie sich schon immer gewundert haben, wie manche Unternehmer es schaffen, im Internet fast immer Geld zu verdienen, dann halten Sie den Atem an ...

Sie sind gerade dabei, eine der schnellsten und einfachsten Methoden

zu entdecken, die Ihre Verkäufe zum Himmel steigen und die Anzahl

der Besucher Ihrer Website explodieren lässt!

Um erstaunliche Details zu erfahren, senden Sie einfach eine E-Mail an

(Ihre Autoresponder-Adresse)

Machen Sie´s gut. Ich melde mich wieder.

Mit freundlichen Grüßen

Jan Smith

Tel.: (xxx) xxx-xxx

(Ende des Beispiels)

BEMERKUNG: Ein Online-Superstore ist eine „professionell kreierte", „schlüsselfertige" Website, welche ihrem Inhaber einen sofortigen Zugang zu dieser Seite bietet, inklusive der Möglichkeit, die beliebtesten Software-, Hardware- und andere Computerprodukte direkt von dieser Webseite zu verkaufen.

Unter den Produkten befinden sich TOP MARKEN wie **Microsoft, Adobe, Symantec**, usw.

<u>Hier ist ein weiteres Beispiel einer Neugier weckenden E-Mail-Botschaft – ausgerichtet auf Leute, die nach einer Geschäftsidee suchen – die erfolgreich für die Vermarktung von Online-Superstores genutzt wurde:</u>

Betreff: Wie ich mit ein paar Stunden Arbeit ein Zusatzeinkommen von 3.000 Dollar pro Monat verdient habe,

Hallo,

Ich möchte Ihnen nur einige zu unseren ONLINE

SUPERSTORES weiterleiten – zu einer erstaunlichen neuen Methode

mit der Sie schnell und einfach im Internet GEWINNE erzielen.

Wie? Indem Sie die TOP Internet-Verkaufhits anbieten – mit keinem persönlichen Verkauf und nicht einmal der Notwendigkeit, mit jemandem zu sprechen!

Hören Sie zu, was einer unserer ONLINE SUPERSTORE Inhaber zu sagen hat:

„Ich bin seit Ende August 1998 mit dem Superstore online. Im August habe ich 29 Dollar verdient, mehr als 400 Dollars im September und diesen Monat werde ich auf über 3.000 Dollar kommen. Der Store ist ein Portal für den Online-Verkauf von Computerprodukten. Wir erwarten für März 1999 ein Verkaufsvolumen von mehr als 20.000 Dollar bis Dezember 1999 mehr als 100.000 Dollar. Der Katalog der angebotenen Produkte ist ebenso gut wie vergleichbare Kataloge - und das Internet ist was die Kosten angeht, wesentlich effektiver fürs Marketing als alle anderen Werbewege.

Wir können jeden Tag buchstäblich an Hunderte von Firmentüren klopfen, indem wir deren Websites im Internet besuchen. Aber die Leute werden nicht durch Magie angezogen. Sie müssen hartnäckig, geduldig und konsequent in der Branche getestete

Techniken einsetzen, die das Wachstum Ihres Geschäfts unterstützen. Die Kollegen von IRMG und deren Marketingkurse sind ein solches getestetes System. Mit diesem Superstore eröffnet sich Ihnen eine gewaltige Chance!

Alles, was Sie tun müssen, ist intelligent arbeiten und es wird Ihnen alles gelingen."

Ethan Kosmin

Pennsylvania

Spannend, nicht wahr? Alles, was Sie tun müssen, um KOSTENLOSE DETAILINFORMATIONEN zu bekommen, ist die 0180-xxxx-xxxx, Apparat 123 (24 Stunden am Tag) anzurufen und sich eine elektronische Sprachnachricht anzuhören.

Ich freue mich darauf, bald von Ihnen zu hören.

Mit freundlichen Grüßen

Jan Smith

Tel. xxx-xxx-xxxx

(Ende des Beispiels)

<u>Noch eine Neugier weckende E-Mail-Nachricht, die ich für einen meiner Klienten geschrieben habe – ausgerichtet auf Leute, die nach einer Geschäftsidee suchen, die erfolgreich für die Vermarktung von Online-Superstores genutzt wurde:</u>

Betreff: Von totalen Pleite zu einem Einkommen von 4.682,35 Dollar pro Woche

Hallo,

Möchten Sie nicht auch erfahren, wie Sie Ihre tägliche 8.00-17.00 Uhr-Routine für immer hinter sich lassen können… und anfangen 2.500 Dollar oder mehr jede einzelne Woche zu verdienen… wobei Sie nur 3-4 Stunden täglich arbeiten werden?!?

Möchten Sie gerne erfahren, wie Sie mein getestetes, bewährtes und zuverlässig Geld bringendes Marketingsystem kopieren können?

Wenn ja, dann sollten Sie gleich zum Hörer greifen und (Ihre kostenlose 0180 tel. Nr. und Apparat) wählen und Sie werden eine kostenlose Nachricht hören, die Ihnen alle Details liefert, zu dieser erstaunlichen Geschäftsidee, die Sie von zu Hause verwirklichen können.

Machen Sie es gut. Wir hören uns später.

Mit freundlichen Grüßen

Bob Jones

Tel.: xxx-xxx-xxxx

(Ende des Beispiels)

Marketing-Methoden

SCHRITT Nr. 4:

BESTELLEN SIE IHRE SELEKTIVE
E-MAIL-ADRESSLISTE MIT GEEIGNETEN,
STRENG ZIELGERICHTEN POTENZIELLEN
KUNDEN UND VERÖFFENTLICHEN SIE
IHRE NACHRICHT

Dies ist ein **ENTSCHEIDENDER** Punkt. Denn im Direktmarketing per E-Mail ist die Adressenliste **TRUMPF**!

Sie wird Sie entweder reich oder Pleite machen!

Wie wichtig ist Ihre Adressliste? Schwer zu beurteilen, aber meiner Meinung nach ist sie zu **70 bis 90% für den Erfolg Ihrer E-Mail-Kampagne VERANTWORTLICH.**

Das ist WICHTIG! Also besorgen Sie sich immer Adresslisten, die Namen von Leuten beinhalten, die an Ihrem Produkt oder Service mit höchster Wahrscheinlichkeit interessiert sind.

Und vergessen Sie nicht: Die EINZIGEN Adressenlisten, die ich empfehle, sind selektive, zielgerichtete Listen (bei denen die aufgeführte Person eigentlich gewünscht hat, in dieser Liste geführt zu werden).

Sofern Sie auf den **RICHTIGEN MARKT** mit der **RICHTIGEN BOTSCHAFT** abzielen, können die Ergebnisse, die Sie durch E-Mail-Marketing erzielen können so gut wie, aber sehr oft auch viel **BESSER** sein, als die Ergebnisse, die Sie mit einem Marketing per Post erreichen.

Hier sind einige Firmen, die selektierte Adressen anbieten und die auch Ihre Botschaft für Sie VERÖFFENTLICHEN können:

- Kreuzer E-Mailadressen: http://www.email-adressen.biz
- Profilösungen für Webseiten, Domains, Emails
  http://www.innter.net/
- Schober-Adressen
  http://www.schober.com

SCHRITT Nr. 5:

PROGRAMMIEREN SIE IHREN AUTORESPONDER SO, DASS ER ZIELKUNDEN, DIE AUF BRIEF NR. 1 NICHT REAGIERT HABEN, EINE "ZWEITE BENACHRICHTIGUNG" SCHICKT

Wie lange sollten Sie warten, bevor Sie eine „zweite Benachrichtigung" schicken? Ungefähr 7 Tage.

Diese Strategie heißt **ZEITLICH VERSETZTE WEITERVERFOLGUNG** oder **SEQUENZIELLE ABFRAGE** und ist eine der WIRKUNGSVOLLSTEN Methoden, um Ihre Umsätze zum EXPLODIEREN zu bringen.

Wenn es jemals ein so genanntes „Geheimrezept" im Direktmarketing gegeben hat – dann ist es das! Deshalb: **Prägen Sie sich diesen Schritt gut ein.**

Dieses Rezept kann den Unterschied zwischen „So-la-la"-Ergebnissen und einem **SPEKTAKULÄREN ERFOLG** ausmachen!

Der einzige Unterschied zwischen Ihrem zweiten Brief und der ersten Nachricht besteht darin, dass Sie irgendwie darauf hinweisen, dass dies eben schon der „zweite Kontakt" ist, und dass der erste Absatz darauf Bezug nimmt, dass der ERSTE BRIEF bereits verschickt wurde.

Hier ein Beispiel dafür, wie wir die ersten beiden Absätze meines zweiten Verkaufsbriefs für einen DIREKTMARKETINGKURS formuliert haben.....

Betreff: Zweite Benachrichtigung

Hallo,

auf Ihre Anfrage hin habe ich Ihnen vor ungefähr zwei Wochen diesen Brief schon einmal zugeschickt. Da ich bisher noch nichts von Ihnen gehört habe, könnte ich mir vorstellen, dass Sie den Brief vielleicht verlegt haben oder noch keine Zeit gefunden haben, ihn zu lesen.

Ich denke nicht, dass Sie noch viel länger warten wollen - insbesondere dann nicht, wenn Sie daran interessiert sind, Ihrem Geschäft GANZ NEUE DIMENSIONEN zu eröffnen! So hier ist nochmals der Abdruck meiner ersten Nachricht an Sie...

(Der gleiche Brief ist nochmals eingefügt.)

(Ende des Beispiels)

SCHRITT Nr. 6:

PROGRAMMIEREN SIE IHREN AUTORESPONDER SO, DASS ER ZIELKUNDEN, DIE AUF BRIEF NR. 2 NICHT REAGIERT HABEN, EINE „DRITTE UND LETZTE BENACHRICHTIGUNG" SCHICKT

Und wieder: Sie sollten 7 Tage nachdem Sie Ihrem potenziellen Kunden Ihre Zweite Benachrichtigung geschickt haben, warten, bevor Sie die „Dritte und Letzte Benachrichtigung" versenden.

Der einzige Unterschied zwischen Ihrem dritten Brief und dem zweiten besteht darin, dass Sie irgendwie darauf hinweisen, dass dies eben schon der „dritte und letzte Kontakt" ist, und dass die ersten Absätze darauf Bezug nehmen, dass der ERSTE UND ZWEITE BRIEF bereits verschickt wurde.

<u>Hier ein Beispiel dafür, wie ich den Anfang einer dritten und letzten Benachrichtigung für einen Kunden formuliert habe, um seine Geschäftsidee zu vermarkten:</u>

Betreff: Dritte und letzte Benachrichtigung

Hallo,

auf Ihre Anfrage hin habe ich Ihnen in den letzen Wochen diesen Brief schon mehrmals zugeschickt. Und als ein Unternehmer muss ich sagen ... dass es mir rätselhaft ist, dass ich von Ihnen bisher nichts gehört habe.

Wie auch immer, ich möchte Sie zum letzen Mal anschreiben – nur für den Fall, dass Sie die Briefe vielleicht verlegt haben oder noch keine Zeit gefunden haben, sie zu lesen.

Ich denke wirklich nicht, dass Sie noch viel länger warten wollen – insbesondere dann nicht, wenn Sie Ihrem Geschäft GANZ NEUE DIMENSIONEN eröffnen wollen! Und hier kommt mein Brief noch einmal.

(Der Rest vom gleichen Brief ist nochmals eingefügt.)

(Ende des Beispiels)

MARKETINGMETHODE Nr. 4

PFLEGEN SIE IHRE EIGENE „INTERNE" SELEKTIERTE DATENBANK

Die häufigste Frage, die ich zum Internet-Marketing gestellt bekomme, heißt: *„Welcher ist der beste Weg, per Internet zu verkaufen?"*

Die Fragesteller erwarten wohl eine **Patentlösung**. Eben diese eine Lösung, mit der sich alle Marketing- und Werbefragen von alleine beantworten.

Und viele Leute bewundern das Internet und denken, dass es diese Pauschallösung parat hält.

Was glauben Sie? Gibt es eine solche PATENTLÖSUNG?

Nun, ich weiß nicht, ob ich es so nennen würde, aber JA, ich glaube schon das es sie gibt. Ich glaube in der Tat, dass es eine Internet-Marketingstrategie gibt, die nahezu **GARANTIERTE ERGEBNISSE LIEFERT!**

Diese Lösung ist weder glamourös noch sexy, aber ich sage Ihnen: **Es ist die ULTIMATIVE Strategie, einen explosiven, wachsenden und stetigen Gewinn zu erzeugen – mit dem Sie in wenigen Tagen oder Wochen beginnen können!**

Welche Strategie ich meine? Die Pflege einer eigenen internen „selektierten" Datenbank.... und die regelmäßige und ständige Kommunikation mit diesen Adressen.

Blicken wir noch einmal zurück ins Kapitel Marketing-Prinzipien.

Dort habe ich gesagt, dass es unerlässlich ist, MIT DEN EIGENEN KUNDEN IN KONTAKT ZU BLEIBEN...... **Der absolut schnellste Weg, Diamanten zu finden . . . direkt im eigenen Garten?!?**

Nun, neben den bereits bestehenden Kunden sollte die Mailingliste auch Interessenten enthalten, die sich nach Ihrem Produkt oder Service erkundigt haben. Ich verspreche Ihnen, die Pflege einer eigenen selektierten Adressenliste potenzieller Kunden – zusätzlich zur Kundenliste – kann Ergebnisse hervorbringen, die genauso EXPLOSIV UND STETIG sind wie die Pflege bestehender Kunden!

Was bedeutet „selektiert"? Ganz einfach. Das sind solche Leute, die Ihnen "freiwillig" ihren Name und E-Mail-Adresse gegeben haben, und Ihnen erlauben, E-Mails an deren Adressen zu senden.

Im heutigen Internetumfeld ist das wirklich der einzig gangbare Weg im E-Mail-Marketing. Es gab einmal eine Zeit, zu der Spamming (Massen-Emails an unbestimmte Empfänger, die von den Mails überrascht werden) eine effektive Strategie war. Aber für die meisten Arten von Geschäften gilt das heute nicht mehr.

Außerdem...ist es in einigen Staaten mittlerweile sowieso verboten. Zum Zeitpunkt der Veröffentlichung dieses Textes existieren Anti-Spam-Gesetze bereits in verschiedenen Ländern und weitere Gesetze sind in Arbeit.

Für einige Geschäfte mag Spamming noch etwas bringen, aber ich denke, es lohnt sich wirklich nicht, angesichts der erzürnten Reaktionen der Empfänger und der möglichen Rechtsstreitigkeiten. Für mich ist Spamming einfach keine Option.

Was Sie stattdessen unbedingt TUN SOLLTEN: Ihre eigene selektierte Adressenliste erstellen, und zwar so schnell, wie es irgend geht.

SCHRITT Nr. 1:

Bieten Sie etwas KOSTENLOSES auf Ihrer Website an!

Beispiele von KOSTENLOSEN Werbegeschenken:

- Kostenloses Newsletter
- Kostenloser Bericht
- Kostenlose Beratung
- Kostenloses Muster
- Kostenlose Analyse
- Kostenloses Buch oder Manuskript!
- Kostenlose 5-Megabyte-Website!
- Kostenloser Autoresponder
- Kostenlose Kleinanzeige in Ihrem wöchentlichen Newsletter!
- Kostenlose Ferien!
- Preisausschreiben um einen kostenlosen Computer
- Preisausschreiben um einen kostenlosen Urlaub auf Bahamas!

Ich könnte mehr und mehr auflisten, aber ich denke, Sie haben sich bereits ein Bild gemacht, oder? Geben Sie den Besuchern Ihrer Website einen zwingenden Grund, Ihnen ihren Namen und E-Mail-Adresse zu geben. Und etwas KOSTENLOS zu verschenken – ein Produkt, an dem die Leute interessiert sind – ist die EINFLUSSREICHSTE Methode, das zu erreichen.

EIN KOSTENLOSER NEWSLETTER IST DIE ULTIMATIVE METHODE, MIT DER SIE IHRE EIGENE „INTERNE" SELEKTIERTE DATENBANK ENTWICKELN KÖNNEN

Aus allen oben genannten Werbegeschenken ist mein Favorit Nr. 1 ein **KOSTENLOSER NEWSLETTER**. Warum? Weil er den wichtigsten Zweck des Marketings bedient. Bei weitem den wichtigsten!

Denken Sie darüber nach. Ein Newsletter erlaubt Ihnen:

- Ihr fachmännisches Wissen zu zeigen und Ihren bestehenden und potenziellen Kunden hilfreiche Tipps und Informationen zu liefern (dadurch größere Glaubwürdigkeit und Vertrauen zu erzeugen)

- Neue Produkte oder Angebote bekannt zu machen

- Sonderpreise anzubieten und Sonderangebote bekannt zu machen

- An Ihre bestehenden und potenziellen Kunden die Sondervereinbarungen, die Sie mit anderen Firmen zu Gunsten Ihrer Kunden ausgehandelt haben, weiter zu geben

- Sie an alle Ihre Produkte und Dienstleistungen zu erinnern, die Sie anbieten

- Herauszufinden, was Ihre Kunden mögen oder nicht mögen, und was sie wirklich WOLLEN

- Herauszufinden, WIE Sie Ihre angebotene Leistung verbessern können

- Eine Beziehung zu Ihren bestehenden und möglichen Kunden aufzubauen

Ziemlich starke Gründe dafür, einen Newsletter anzubieten, nicht wahr? Und der letzte Punkt über die Entwicklung einer „Beziehung zum Kunden" ist wahrscheinlich der wichtigste von allen.

Lassen Sie sich das einmal durch den Kopf gehen. Wir alle machen gern Geschäfte mit Leuten, die wir kennen, denen wir vertrauen können, die wir verstehen und bei denen wir spüren, dass sie sich um uns kümmern, oder nicht?

Nun, ein Newsletter ist der BESTE Weg, eine solche Atmosphäre zu schaffen und zu vermitteln.

Im Folgenden möchte ich Ihnen einige einfache Marketingideen liefern, die Ihnen helfen sollen, schnell Ihre "interne" E-Mail-Adressenliste aufzubauen. Tun Sie sich einen Gefallen und . . . beginnen Sie noch HEUTE. Diese Art von Bestrebungen hat einen HOHEN EINFLUSS darauf, dass Sie Ihr Unternehmen schnell in eine **explosive und wachsende, hohen Gewinn generierende Maschine** verwandeln!

Aber NUR. wenn Sie einem der wichtigsten Dinge verpflichtet bleiben – der **KONSTANTEN KOMMUNIKATION** mit Ihrer Datenbank.

Wie oft sollten Sie sich melden? Einmal pro Woche ist ideal. Zweimal pro Monat ist OK. **Einmal im Monat sollte das absolute Minimum sein.**

Fühlen Sie sich diesem Prinzip verpflichtet . . . und Sie sind auf dem sicheren Weg **Ihre Cashflow-Sorgen loszuwerden – für IMMER!!!**

Marketing-Methoden

SCHRITT Nr. 2:

INSERIEREN SIE IHR KOSTENLOSES ANGEBOT DURCH KOSTENLOSE UND KOSTENGÜNSTIGE KLEINANZEIGEN ÜBERALL IM INTERNET

Als erstes sollten Sie eine Veröffentlichung Ihrer Anzeigen bei den **GROSSEN ONLINE-DIENSTEN (AOL, Compuserve und MSN)** in Erwägung ziehen.

AOL beispielsweise ist das beliebteste Forum für die Platzierung von Anzeigen. Besonders interessant ist die Rubrik „Free Ads" (kostenlose Anzeigen). Aber sogar in der kostenpflichtigen Rubrik „Premier Ads" – für die Sie bezahlen müssen, kann man wirklich zu SCHNÄPPCHENPREISEN veröffentlichen. Als ich letztes Mal dort geworben habe, hat mich das bei einer Laufzeit von 30 Tagen und bei bis zu 100 Wörtern nur 19,95 US-Dollar gekostet!

Um bei AOL Anzeigen schalten zu können, müssen Sie zuerst AOL-Mitglied werden. Das kostet Sie 19 bis 25 US-Dollar pro Monat. Ein recht geringer Preis, wenn man bedenkt, dass Sie dadurch die Möglichkeit erhalten, ständig kostenlose oder billige Kleinanzeigen zu veröffentlichen – meinen Sie nicht auch?

Um bei AOL vom Hauptmenü aus zur Kleinanzeigen-Rubrik zu kommen, klicken Sie zuerst auf „Marketplace", dann auf „Classifieds & Advertising". Hier können Sie nun wählen, ob Sie „Premier Ads" (kostenpflichtigen Anzeigen) veröffentlichen wollen oder ob Sie an einem der „Bulletin Boards" KOSTENLOSE Anzeigen platzieren möchten.

WICHTIGER HINWEIS, FALLS SIE IHRE ANZEIGE IN DER AOL-RUBRIK „BULLETIN BOARD" VERÖFFENTLICHEN: Damit Ihre Anzeige möglichst weit OBEN erscheint, versuchen Sie, sie möglichst kurz nach dem Annahmeschluss des Vortags (6 Uhr EST = Eastern Standard Time) einzugeben.

Weil diese Rubrik außerdem sehr stark genutzt wird, erscheint Ihre Anzeige wahrscheinlich nur über einen kurzen Zeitraum. Um also mit dieser Methode **maximale Wirkung** zu erzielen, sollten Sie Ihre Anzeige im Prinzip alle 3 bis 5 Tage neu einstellen.

COMPUSERVE-NUTZER: Wie bei AOL müssen Sie auch bei Compuserve zuerst Mitglied werden. Für 20 bis 30 US-Dollar pro Monat können Sie die Compuserve-Shopping Mall besuchen, an den Diskussionsforen teilnehmen und dann die Möglichkeit nutzen, Ihr Produkt bzw. Ihren Service über Kleinanzeigen bewerben.

Ich meine, die Investition lohnt sich... Sie erhalten dadurch die Möglichkeit, einige Ihrer Kleinanzeigen zu veröffentlichen! Ja, die Rubriken SIND kostenpflichtig, aber wenn Sie sie nutzen, verschafft Ihnen das unter Marketing-Gesichtspunkten sogar einen Wettbewerbsvorteil! Warum? Weil diese Rubriken nicht so überfüllt sind, was die Wahrscheinlichkeit erhöht, dass Ihre Anzeige auch wirklich gelesen wird.

WICHTIGER HINWEIS: Annahmeschluss für Kleinanzeigen bei Compuserve ist um 6 Uhr (EST = Eastern Standard Time). Wer seine Anzeige gleich nach 6 Uhr eingibt, hat die besten Chancen auf einen Platz ganz oben!

WERBUNG IN E-ZINES (ONLINE-ZEITSCHRIFTEN)

Ihre zweite Möglichkeit für die Veröffentlichung von Kleinanzeigen sind die diversen E-Zines (Newsletters bzw. "elektronische Magazine", die Ihnen per E-Mail zugeschickt werden), die sich an Ihren Zielmarkt richten. Das Gute daran ist, dass es Tausende von E-Zines zu den unterschiedlichsten Themengebieten gibt.

Kleinanzeigen in E-Zines zu platzieren, zählt zu meinen favorisierten Marketingmethoden, weil sich dadurch sehr reale Chancen ergeben, nahezu Millionen potenzieller Kunden zu erreichen – und das zu sagenhaft günstigen Konditionen!

Meiner Ansicht nach sollten Sie diese Option in Ihren Marketing-Mix aufnehmen. Werbung in E-Zines zählt zu den kosteneffizientesten und wirkungsvollsten Strategien überhaupt.

Um E-Zines zu finden, die auf Ihren Zielmarkt gerichtet sind, durchsuchen Sie einfach eine der zahlreichen E-Zines-„Adressbücher", wie z.B. folgende:

- http://www.zdb.spk-berlin.de
- http://www.bib-info.de
- http://www.leserservice.de
- http://www.abodirekt.de

Nachdem Sie einmal gute und viel versprechende E-Zines herausgefunden haben, starten Sie einen kleinen, nicht besonders teuren Test.

Sehen Sie, das ist es, warum ich Direktmarketing liebe. Sie müssen nie große Summen riskieren um herauszufinden, ob Ihre Anzeige gewinnbringend ist oder nicht. Und mit Kleinanzeigen und E-Zines läuft es nicht anders!

Suchen Sie sich einfach 1 oder 2 E-Zines raus, um Ihre Anzeige zu testen. Wenn sie gewinnbringend ist, wiederholen Sie die Veröffentlichung und investieren Sie Ihr Gewinn in weiteren und weiteren E-Zines immer wieder. Das ist alles, was Sie tun müssen. Und so funktioniert es für jeden, der Millionen von potenziellen Kunden erreichen möchte – unabhängig von der Größe des Budgets.

KLEINANZEIGEN IM INTERNET (WORLD WIDE WEB)

Der dritte Ort, an dem Sie Ihre Kleinanzeigen platzieren sollten, ist das World Wide Web, d.h. das Internet selbst! Da gibt es heutzutage Tausende von Seiten, die kostenlose oder kostengünstige Veröffentlichung von Kleinanzeigen anbieten.

Hier ist eine Internetsite, die als Eingangstor zu mehr als 1.000 kostenlosen und kostengünstigen Kleinanzeigen funktioniert: Geben Sie einfach bei

- http://www.googel.de

das Suchwort „Kleinanzeigen" ein und Sie finden genug Anbieter für Ihre Kleinanzeigen.

Alles, was Sie tun müssen, ist, eine der gelisteten Seiten auszuwählen, die aufgeführten Kategorien zu prüfen und dann Ihre Anzeige in der Rubrik zu veröffentlichen, die am besten Ihrem Angebot entspricht. Das ist alles.

Welche Seiten sind am besten, um kostenlose Anzeigen zu platzieren? Viele Veteranen im Internet behaupten, dass sie die besten Ergebnisse auf AOL oder Yahoo bekommen. Wir haben über AOL bereits gesprochen. Auf Yahoo können Sie Ihre Anzeigen unter http://yahoo.com platzieren.

SCHRITT Nr. 3:

KREIEREN SIE EINE E-MAIL-SIGNATUR (SIG FILE) DIE IHR KOSTENLOSES ANGEBOT ERWÄHNT

Was ist eine E-Mail-Signatur (Signature File)? Ganz einfach. Es ist eine kurze Nachricht in der Fußzeile am Ende Ihrer E-Mails, die an alle E-Mails, die Sie verschicken oder auf welche Sie antworten, angehängt wird.

Es ist ein perfekter Platz, um Ihr kostenloses Angebot bekannt zu machen. Zum Beispiel, wenn Sie einen kostenlosen Bericht über Gewichtsreduzierung zur Verfügung stellen wollen. So könnten Sie zum Beispiel Ihre E-Mail-Signatur schreiben:

Marketing-Methoden

\>>>>>>>>>>>>>>>>>>>>>>>>>>>>>>

Kostenloser Report enthüllt „Wie ich 32 Pfund in weiniger als 2 Monaten abgenommen habe – ganz ohne Diät ... und immer noch alles essen darf, was ich mag!" Um Ihren kostenlosen Bericht per E-Mail umgehend abzurufen, senden Sie eine E-Mail an: erstaunlichergewichtsverlust@ihrautoresponder.com.

<<<<<<<<<<<<<<<<<<<<<<<<<<<<<<

Hier ein Beispiel einer E-Mail-Signatur für einen Newsletter:

\>>>>>>>>>>>>>>>>>>>>>>>>>>>

Nur für kurze Zeit! Abonnieren Sie unseren „Marketingtipps– Newsletter" und bekommen Sie all die starken, erprobten und außergewöhnlichen Internet- und Direktmarketing Tipps, Techniken und Strategien – regelmäßig, Monat für Monat! Um Ihr Abonnement zu starten, besuchen Sie unsere Website http//www.meineseite.com und klicken Sie auf den Button „Kostenloser Newsletter".

Eine einfache aber kraftvolle Methode. Normalerweise bieten Ihnen alle E-Mail-Programme die Möglichkeit, eine E-Mail-Signatur einzufügen, die dann allen E-Mails, die sie versenden oder auf die Sie antworten, beigefügt wird.

Marketing-Methoden

SCHRITT Nr. 4:

INSERIEREN SIE UND BEKOMMEN SIE KOSTENLOSE PUBLICITY IN E-ZINES

Es gibt Tausende von E-Zines (Newsletters bzw. „elektronische Magazine", die Ihnen per E-Mail zugeschickt werden) im Internet zu den unterschiedlichsten Themen und Kategorien, die Sie sich nur ausdenken kennen.

Die meisten beinhalten informative Artikel und auch einen kostengünstigen Kleinanzeigen-Bereich. Eine Methode, wie Sie Ihr kostenloses Angebot bekannt machen können, ist einfach für eine Schaltung Ihrer Kleinanzeigen zu zahlen. Und Sie sollten das tun … weil diese Methode einer der kostengünstigsten Werbemethoden ist, die Sie je finden werden!

Zusätzlich dazu, dass Sie für Anzeigen zahlen, sollten Sie auch die Möglichkeit in Betracht ziehen, eine **kostenlose Werbemöglichkeiten** zu nutzen. Hier ist eine einfache Strategie…

Was auch immer Sie verkaufen, machen Sie sich einen Namen als **Experte** …und liefern Sie dann regelmäßig **informative Artikel** an Ihre „Ziel"-E-Zines, um zu publizieren. Und wie sollten Sie Ihr kostenloses Angebot zur Verfügung stellen? Einfach. Durch Ihre kurze **Nachricht** in der Fußzeile am Ende Ihrer Artikel – ähnlich wie Ihre E-Mail-Signatur wie oben im Schritt 3 beschrieben.

Hier sind einige „Verzeichnisse" für E-Zines im Internet, die Ihnen helfen, E-Zines in jeder erdenklichen Kategorie zu finden:

- http:// www.zeitung.ch
- http:// www.ihr-geld.de
- http://www.intranet.design.fh-aachen.de
- http://www.glist.com/e-zines.html

Marketing-Methoden

SCHRITT Nr. 5:

INSERIEREN SIE IHREN KOSTENLOSEN NEWSLETTER ÜBER DAS NEWLIST ANZEIGENVERZEICHNIS

Wenn Sie einen kostenlosen Newsletter anbieten (und falls nicht, sollten Sie sich ernsthaft überlegen, es zu tun), schicken Sie per E-Mail eine „Anzeige" an das NewList Anzeigenverzeichnis unter: new-list@listserv.nodak.edu. Ihre Anzeige kann wie eine Pressemeldung geschrieben sein.

Hier eine Anzeige, die ich geschrieben habe, um für unseren "The Instant Results Marketing Newsletter" zu werben. Sie können dieses Beispiel als Vorlage nutzen und nur Namen, Details und Kontaktinformationen durch Ihre ersetzen.

Betreff: NEU: The Instant Results Marketing Newsletter!

An: new-list@listserv.nodak.edu

„The Instant Results Marketing Newsletter!" ist ein kostenloser Newsletter per E-Mail, in dem Sie all die starken, erprobten und den außergewöhnlichen Internet- und Direktmarketing -Tipps, Techniken und Strategien bekommen – regelmäßig, Monat für Monat!

Auf Eines können Sie sich immer verlassen: Sie werden NIE nur einen Haufen von zum Himmel schreienden Theorien bekommen. Denn die Autoren sind täglich Mitspieler in dem Direktmarketing-Spiel (in beiden Kategorien - ob online oder offline), die mit Ihnen nur die Tipps und Techniken teilen, die sie selbst persönlich einsetzen… oder die Sie an ihren vielen zufriedenen Kunden GETESTET UND ERPROBT haben.

Hier sind Beispiele aus einigen früheren Artikeln:

„Auf was Sie sich KONZENTRIEREN MÜSSEN, wenn Sie ‚finanziellen Seelenfrieden' erreichen, zu einem ‚scharfen Wettbewerber' zählen und regelmäßig ‚IHRE KONKURRENZ IM STAUB HINTER SICH LASSEN wollen'!"

„WIE SIE EINE ABSCHLUSSQUOTE VON 10 bis30% ERREICHEN!! 99% aller Unternehmer im Direktmarketing haben noch nicht einmal von diesem Geheimnis gehört. Sie sind dabei, zu diesem 1% DER ELITE zu zählen!"

„ERFOLGREICHE VERMARKTER IM INTERNET ENTHÜLLEN IHR TOP-GEHEIMNIS!! Gute Nachricht: Erfolg FÜR Clevere!"

„Wie Sie in Ihrem Geschäft den Autopiloten einschalten und ihr Marketingsystem in eine vorhersehbare, schlüsselfertige Cashflow-Maschine umwandeln, die immer weiter arbeitet, auch dann, wenn Sie es nicht tun!!"

„Kostenlose Marketing- und Werbequellen im Internet, die Ihnen eine Gewinn-Explosion ermöglichen"

„Fakten über E-Mail: Warum ist E-Mail das wichtigste, wirkungsvollste und vielseitigste Marketingwerkzeug, das Ihnen zur Verfügung steht!"

„Internetmarketing-Erfolgsgeschichte: Die Kraft der Personalisierungs-Methode"

Um Ihr Abonnement zu starten, besuchen Sie unsere Website http://www.meineseite.com und klicken Sie auf den Button „Kostenloser Newsletter".

Verfasser: Bill Guting

ihre@emailadresse.com
<http://www.ihrewebsite.com>

(Ende des Beispiels)

Das ist alles, was zu tun ist. Wenn Sie bereit sind, es anzupacken, seien Sie nur darauf gefasst Unmengen an Anfragen bearbeiten zu können.

Die obige Anzeige hatte mehr als 500 neue Abonnenten zur Folge – auf eine einzige E-Mail-Nachricht hin.

SCHRITT Nr. 6:

LASSEN SIE SICH VISITENKARTEN DRUCKEN, DIE MIT IHREM KOSTENLOSEN ANGEBOT WERBEN

Visitenkarten sind eine wirklich einfache und kostengünstige Methode, mit der Sie werben und Leute auf Ihr KOSTENLOSES ANGEBOT aufmerksam machen können.

Zum Beispiel, wenn Sie eine Software vermarkten, warum nicht Visitenkarten mit folgender Botschaft drucken zu lassen:

„Kostenloser Bericht enthüllt, wie man Markensoftware günstiger als im Einzelhandel bekommt!"

Senden Sie einfach eine E-Mail an: discountsoftware@ihrautoresponder.com

Oder…

Rufen Sie 1-800-xxx-xxxx, Apparat xx (24 Std. am Tag) um sich eine **KOSTENLOSE ELEKTRONISCHE ANSAGE** anzuhören.

Ideen, wie Sie Ihre Visitenkarte nutzen können:

- Heften Sie Ihre Visitenkarte auf jedes Stück Post, dass Sie versenden – inklusive Ihrer Rechnungen!

- Wenn Sie einmal in einer Buchhandlung sind, warum legen Sie nicht Ihre Visitenkarte nicht in jedes Buch, das Ihre Zielgruppe interessieren könnte?

- Fragen Sie im Café, in der Imbissbude, der Reinigung, der Pizzeria, im Versicherungsbüro, beim Immobilienmakler, in der Zahnarztpraxis usw., usw. in Ihrer Nähe, ob Sie einen kleinen Ständer mit Ihren Visitenkarten aufstellen dürfen.

- Drücken Sie die Karte jedem in die Hand, den Sie treffen oder der sich im Umkreis von 3 Schritten von Ihnen aufhält.

Die Auflistung, wie Sie Ihre Visitenkarte verteilen könnten, ist endlos, oder?

SCHRITT Nr. 7:

INSTALLIEREN SIE ANRUFBEANTWORTER ODER ELEKTRONISCHE ANSAGEN UM NAMEN UND E-MAIL-ADRESSEN ZU SAMMELN

Wenn Sie unser Büro anrufen würden, würden Sie feststellen, dass wir zusätzlich zu der Telefonnummer immer nach einer E-Mail-Adresse fragen.

Nicht nur, dass Ihnen diese Methode einen anderen Weg bietet, auf eine Frage oder Bitte zu antworten, sondern, was viel wichtiger ist, sie liefert Ihnen darüber hinaus auch einen neuen wertvollen Namen und E-Mail-Adresse, die Sie in Ihre "selektierte" Datenbank eintragen können!

Hier ist der „Text" unserer Ansage auf dem Telefon-Hauptanschluss in unserem Büro:

Hallo und Danke, dass Sie IRMG angerufen haben – die Firma, die Sie mit Marketingideen für die rasche Erhöhung Ihrer Gewinne versorgt.

Das Büro ist im Moment nicht besetzt **ODER** wir versuchen auf allen Leitungen, anderen Kunden zu helfen. Unsere Öffnungszeiten sind von Montag bis Freitag zwischen 10.00 und 18.00 Uhr.

Wenn Sie eine Frage oder eine Bitte haben, hinterlassen Sie bitte eine detaillierte Nachricht zusammen mit Ihrem Namen, Telefonnummer, Faxnummer und Ihrer E-Mail-Adresse. Wenn nötig, werden wir Sie direkt anrufen.

Nochmals danke, dass Sie The Instant Results Marketing Group angerufen haben! ...

(Ende)

SCHRITT Nr. 8:

SCHALTEN SIE ALLE IHRE ANZEIGEN, UM E-MAIL-ADRESSEN ABZUFRAGEN

Ihre Anzeigen sollten immer auch dazu dienen, E-Mail-Adressen zu sammeln.

Lassen Sie mich, Ihnen ein Beispiel zu geben ...

Eines unserer „heißesten" Produkte, die wir im Moment vermarkten, ist dieses Internet Marketing Handbuch – das wir sowohl online als auch offline inserieren.

Ein Gebiet, auf dem wir bisher jede Menge OFFLINE haben, sind ganz einfach Kleinanzeigen.

Ein Interessent sieht die Anzeige ... ruft unseren elektronischen Anrufbeantworter an... hinterlässt seinen Namen und Kontaktinformationen, inklusive einer E-Mail-Adresse, falls er eine hat ... und bekommt dann unser Marketingmaterial.

Hier der Text unserer Ansage auf unserem Anrufbeantworter:

Hallo und Danke, dass Sie angerufen haben um zu erfahren, **wie Sie kostenlose und kostengünstige Marketing-Methoden nutzen können, um Ihr Geschäft, Produkt, Service oder Ihre Geschäftsidee im INTERNET zu starten oder zu fördern!!**

Möchten Sie lernen, wie auch Sie eine sofortige Gewinn-Explosion erreichen können - egal in welchem Geschäftsfeld Sie arbeiten möchten oder bereits tätig sind?

Möchten Sie gerne erfahren, wie ich die meisten von meinen Werbe- und Marketingkosten in einem meiner Geschäfte eliminiert habe – und SIE das Gleiche tun können?!?

Sind Sie bereit, anzufangen ...

MEHR ANFRAGEN UND KUNDEN IN EINEM MONAT ZU BEKOMMEN – ALS DIE MEISTEN LEUTE IN EINEM GANZEN JAHR?!?

Wenn das so ist, habe ich <u>sehr</u>, <u>sehr</u> spannende Neuigkeiten für Sie!

Um **KOSTENLOSE DETAILS** zu erfahren, die wir Ihnen per Post schicken werden, hinterlassen Sie nach dem Piepton Ihren Namen, Postadresse, Telefon- und Faxnummer inklusive Ihrer Durchwahl oder der Abteilung. Nochmals: Ihren Namen, Postadresse, Telefon- und Faxnummer inklusive Ihrer Durchwahl oder der Abteilung.

Wenn sie außerdem den Vorteil eines zeitlich begrenzten **KOSTENLOSEN PROBEABONNEMENTS** unseres „Instant Results Marketing Newsletter" genießen möchten, nennen Sie uns bitte zusätzlich Ihre E-Mail-Adresse.

O.k.? Nochmals Danke für Ihren Anruf ... und hier ist der Ton.

(Ende des Beispiels der automatischen Ansage)

Wir haben diesen „kostenlosen Newsletter-Hinweis" in jeden Produkt oder Service, die wir vermarkten, eingefügt – in beiden, online und offline, Werbemedien.

Es ist eine fantastische Methode um Ihre Werbung zu MAXIMALISIEREN und für uns war das Ergebnis ... Tausende von neuen Abonnenten unseres Newsletters.

(Ende)

MARKETINGMETHODE Nr. 5

DAS ERSTELLEN EINER ULTIMATIVEN WEBSITE UND DAS WERBEN FÜR SIE

Sobald Sie Ihre E-Mail-Marketingstrategien zum Laufen gebracht haben und Cashflow erzeugen, sollten Sie über Ihre eigene WEBSITE nachdenken. Das ist der nächste wichtigste Schritt, der den **Schlüssel zum Internet-Marketingerfolg** enthält!

Und mit den verschiedenen Softwareprogrammen, die heutzutage zur Verfügung stehen (Microsoft FrontPage, HotDog, etc.) kann heute eigentlich jeder seine eigene Website erstellen!

Wenn Sie so sind wie ich, und lieber jemandem anderen das Design Ihrer Website überlassen, ist ohne Weiteres Hilfe zu finden ... über **JEDE MENGE FIRMEN**, die das Design und Beratung für Ihrer Homepage anbieten. Eine kurze Suche im Internet wird Ihnen die Vielzahl der Möglichkeiten zeigen.

Egal, ob Sie Ihre Website selbst gestalten oder jemanden anderem das Design überlassen, achten Sie dabei stets auf folgende

GRUNDELEMENTE EINER ERFOLGREICHEN WEBSITE:

GRUNDELEMENT NR. 1

- **EINFACH IST AM BESTEN!!** Nutzen Sie keine großen Worte. Halten Sie Ihre Worte, Sätze und Absätze kurz und klar, um die Aufmerksamkeit des Lesers zu halten. Nichts ist schlimmer für die Besucher Ihrer Website als ein Text, der sich wie ein altes Lehrbuch liest!

Halten Sie die **Homepage** einfach und übersichtlich, mit einem „Menü", das einfach zu bedienen ist und nicht überladen wirkt. Achten Sie auch darauf, dass die **WICHTIGSTEN VORZÜGE** Ihres Angebots klar und deutlich herausgestellt werden (idealerweise in Form einer Schlagzeile).

GRUNDELEMENT NR. 2

- **LASSEN SIE DIE GRAFISCHE GESTALTUNG NICHT AUF DER SEITE DOMINIEREN** - Warum das? Stellen Sie sich doch einmal Folgendes vor: Ein Interessent klickt Ihre Website an und wartet, bis die Website vollständig aufgebaut ist.... und wartet.... und wartet....... und wartet. Lassen Sie mich Ihnen eine Frage stellen: Wären SIE bereit, 5 Minuten auf eine Website zu warten, von der Sie noch nicht einmal wissen, ob sich die ganze Warterei überhaupt lohnt?

Es mag Leute geben, die warten würden. Aber ich garantiere Ihnen – **DIE ÜBERWIEGENDE MEHRHEIT WIRD NICHT WARTEN!** Und jedes Mal, wenn das passiert, haben wir es mit MÖGLICHERWEISE ENTGANGENEM NEUGESCHÄFT zu tun. Keine gute Idee.

Besonders dann nicht, wenn Sie das ganz einfach dadurch verhindern können, dass Sie auf überwältigende Grafiken, große Bilder, bewegte Elemente, laufende Figuren und Musikuntermahlung verzichten. Schließlich WIRD DAS ALLES AUCH GAR NICHT BENÖTIGT, denn......

GRUNDPRINZIP NR. 3

- **DER INHALT VERKAUFT, NICHT DAS IMAGE!** - Vergessen Sie nie und niemals, dass es im Internet um Informationen geht. Hier kommt es auf die Qualität der Information und auf die klare Darstellung der „Vorzüge" und nicht auf ablenkende Bilder und anmaßende grafische Überfrachtung an.

In der Ausgabe von **NetScape Netcenter Nachrichten** vom Januar 1999 wurde eine Umfrage unter NetScape-Mitgliedern veröffentlicht, die ergab, dass die Mitglieder an ihren Lieblingswebsites vor allem eines schätzten: Inhalt, Inhalt, und nochmal Inhalt.

Je mehr Informationen eine Website enthielt, desto beliebter war sie!

Was hielten die Teilnehmer der Umfrage für <u>weniger</u> wichtig? Wie aktuell die Website ist..... wie spaßig sie ist.... oder wie viele Dienstleistungen angeboten werden. Interessant, nicht wahr? ..... Und sehr lehrreich!

Das bedeutet natürlich nicht, dass Ihre Website die langweiligste im ganzen Internet sein sollte. Aber ich denke, man kann bestimmt einen gesunden MITTELWEG finden.

Ihr ZIEL sollte es sein, eine optisch ansprechende Website zu schaffen, die Ihr IMAGE verstärkt und den Schwerpunkt auf **SUPERSTARKEN INHALT** mit Direktantworten legt.

Ich sage Ihnen, eines der wichtigsten Dinge, die Sie lernen können, ist die Kunst, SUPER-WERBETEXTE zu schreiben, bei denen schon beim Lesen der Puls des Interessenten in die Höhe getrieben wird und er die Brieftasche zückt. Natürlich braucht es dazu etwas Fleiß und Übung, aber ich bin wirklich davon überzeugt, dass jeder ein wirkungsvoller Werbetexter werden kann.

Ich habe hier nicht genug Platz, um Ihnen eine komplette Einführung in den Werbetexten zu geben, aber ein paar Grundsätze möchte ich Ihnen doch mitteilen:

Marketing-Methoden

WERBETEXT-GRUNDSATZ NR. 1: Schreiben Sie auf persönliche und zwanglose Art – so, wie Sie auch mit Freunden reden würden.

WERBETEXT-GRUNDSATZ NR. 2: Teilen Sie Ihre Begeisterung mit dem Leser – denn Ihr Angebot ist ja wirklich eine tolle Sache. Seien Sie aber nicht schwärmerisch. Für alle Behauptungen brauchen Sie Belege. Die besten Belege sind Kundenaussagen. Je mehr Referenzen Sie vorlegen können, desto **BESSER**!

- Das beste Buch über die Kunst, wirksame Werbebriefe zu schreiben kommt von Dan Kennedy, und heißt "The Ultimate Sales Letter". Tun Sie sich einen Gefallen und kaufen Sie sich dieses Buch SO SCHNELL ES IRGENDWIE GEHT!

- Vielleicht sollten Sie sich auch den „Ad Magic"-Heimkurs besorgen – wahrscheinlich der beste Kurs, wenn es darum geht, zu lernen wie man SUPERWERBETEXTE UND ANZEIGEN schreibt.

Wie wichtig ist INHALT? Nehmen wir folgendes Beispiel....

Eines der Produkte, die wir vermarktet haben, ist ein **ONLINE - SUPERSTORE**.

Was ist ein ONLINE-SUPERSTORE? Ganz einfach. Das ist eine sofort einsetzbare, nutzerfreundliche, professionell konzipierter Website, die NAME, LOGO UND FOTO des Website-Besitzers enthält!

Im Wesentlichen bietet sie dem Website-Besitzer die Möglichkeit, mehr als 50.000 umsatzstarke Computer-Artikel online zu verkaufen.

Ich spreche hier über TOPMARKEN wie Microsoft, Adobe, Symantec etc. Also etwas so, wie.....

EIN EIGENER SOFTWARE-LADEN – ABER OHNE KOSTEN FÜR MIETE, OHNE MITARBEITER UND OHNE VERWALTUNG UND VOR ALLEM OHNE SORGEN UND AUSEINANDERSETZUNGEN!!

Klingt doch toll, nicht wahr?

Um diese tollen Läden auf den Markt zu bringen, haben wir lediglich unseren WERBEBRIEF auf unserer Website veröffentlicht... und dann eine **Neugier weckende E-Mail-Nachricht** an unseren Kundenstamm und eine streng zielgerichtete Adressenliste geschickt, Nachricht die sie zu unserem Verkaufsbrief geführt hat.

Das Ergebnis? 50.841,-- US-Dollar Umsatz in weniger als 10 Tagen!!

Der Werbebrief besteht zu 98% aus Inhalt (nur 2% Grafik).

DAS, meine Lieben, ist ein Beispiel für die Stärke der Kombination von SUPERWERBEBRIEFEN und INHALT!

GRUNDPRINZIP NR. 4

STELLEN SIE SICHER, DASS DER VERKAUFSPROZESS EINFACH IST UND DEN „BEWÄHRTEN" MARKETINGPRINZIPIEN ENTSPRICHT –

Sind die **Vorteile** Ihres Angebotes klar ersichtlich? Haben Sie **Glaubwürdigkeit** bei Ihren Interessenten aufgebaut, bevor Sie Bestellungen akquirieren? (Etwa mit **überzeugenden Kundenreferenzen**, ihrer Erfolgsgeschichte, Auflistung Ihrer anderen geschäftlichen Erfolge, Alter des Unternehmens, Mitgliedschaften in Handelskammern und anderen Organisationen, usw., usw.).

Überzeugt Ihr Marketingmaterial durch **ansteckende Begeisterung**? Ist Ihr Angebot absolut unwiderstehlich?

Hat Ihr Website-Besucher mehrere **klare und einfache Bestellmöglichkeiten** – online und auch offline?

Denken Sie immer daran, dass der Verkaufen ähnlich funktioniert wie Sex. Sie müssen den Kunden umwerben, bevor Sie beide das bekommen, was sie wollen!

GRUNDPRINZIP NR. 5

- **OFFERIEREN SIE EIN GRATISANGEBOT!** Warum? Das ist der beste Weg, die Namen und Email-Adressen der Website-Besucher zu bekommen. Warum das so wichtig ist? Damit Sie eine Möglichkeit zum Weiterverfolgungs-Marketing bekommen und schließlich einen Verkauf erzielen können.

Obwohl die meisten Website-Besucher sich beim ersten Besuch einer Website nicht zum Kauf entschließen, heißt das nicht, dass sie nicht an dem angebotenen Produkt oder der angebotenen Dienstleistung interessiert wären.

Vielleicht war es der falsche Zeitpunkt. Vielleicht brauchen sie mehr Informationen. Vielleicht strahlt die Website noch nicht genug Glaubwürdigkeit aus. Wer weiß? Es gibt jede Menge mögliche Gründe.

Das ultimative Geheimnis für den Direktmarketingerfolg

Ich habe einmal in einer Studie gelesen, dass es durchschnittlich 6 unterschiedlicher Kontakte mit dem angebotenen Produkt oder der angebotenen Dienstleistung bedarf, bevor ein Interessent bereit ist, eine Geschäftsbeziehung zu beginnen!

DESHALB IST WEITERVERFOLGUNG UNERLÄSSLICH! Und die Erfassung von Name und E-Mail-Adresse durch ein Gratisangebot ist der absolut beste Weg, das Nachfassen zu ermöglichen.

HIER SIND EINIGE BEISPIELE FÜR KOSTENLOSE ANGEBOTE , DIE SIE DEN BESUCHERN IHRER WEBSITE ANBIETEN KÖNNEN:

- KOSTENLOSER NEWSLETTER
- KOSTENLOSER BERICHT
- KOSTENLOSE ANALYSE
- KOSTENLOSE TELEFONISCHE BERATUNG
- KOSTENLOSE BERATUNG
- KOSTENLOSE KASSETTE mit dem Titel:..."Wie man die Umsätze verdoppelt – in 90 oder weniger Tagen!"
- KOSTENLOSEN REISEGUTSCHEIN
- KOSTENLOSES SOFTWARE
- KOSTENLOSE LESUNG
- KOSTENLOSES BUCH

Wie Sie sehen, sind die Möglichkeiten unendlich.

Um die Kraft des KOSTENLOSEN Angebots zu unterstreichen, finden sie nachstehend dem Abdruck eines früheren Newsletters zu diesem Thema.

Hier der Abdruck eines Artikels aus einer älteren Ausgabe unseres „Marketingsystem für sofortige Ergebnisse"-Newsletters ...

DAS „KRÄFTIGSTE"
9-BUCHSTABEN-WORT
IM MARKETING!

Von Bill Guting

„KOSTENLOS" ist und bleibt wahrscheinlich für immer das schwerwiegendste, einflussreichste, Aufmerksamkeit erregendste, effektivste und das am meisten beeinflussende Wort im Marketing. Und dazu mit mitreißenden Margen!

Wir ALLE lieben KOSTENLOSE ANGEBOTE, oder etwa nicht?

Wetten, dass wir es tun?! Insbesondere weil es **DEN RISIKOFAKTOR ELIMINIERT.**

Meiner Meinung nach ist, jemanden etwas kostenlos zu geben – um Ihr Versprechen zu bekräftigen – die ULTIMATIVE Strategie, mit der Sie eine LAWINE AN AKTIVITÄTEN auslösen können!

Abhängig davon, welche Art von Geschäft Sie betreiben, können Sie eine Vielfalt von Sachen finden, wie …

- Kostenlose Beratung
- Kostenloses Probeabonnement
- Kostenlosen Bericht
- Kostenlose Ein-Monats-Lieferung für neue Kunden
- Kostenlose Kassette
- Kostenlose Videokassette von einer Stunde Laufzeit
- Kostenlosen Kaffee jeden Dienstag
- Kostenloses Essen für Kinder jeden Donnerstagabend!
- Kostenlose Miete für den ersten Monat
- Kostenloser Newsletter
- Kostenlose Teppichreinigung

Haben Sie verstanden? Sie können „KOSTENLOS" in einer Unmenge von unterschiedlichen Wegen und Kombinationen einsetzen, um die Nachfrage nach Ihrem Produkt zu steigern.

Lassen Sie uns ein Beispiel anschauen ...

Video Professor ist eine Firma, die eine Unmenge an großen, eine ganze Seite füllenden Anzeigen in allen erdenklichen Tageszeitungen **ÜBERALL IN DE USA** schaltet.

Was diese Firma verkauft, ist eine einstündige Privatlektion zu den beliebtesten Computerprogrammen wie ... Quicken, Word, Windows 95, Lotus 1-2-3, usw., usw.

Jedes Video kostet im Einzelhandel 39,95 US-Dollars, aber sie bieten das ERSTE Video für einen neuen Kunden KOSTENLOS an.

Phantastische Strategie!

Angenommen der „Probekunde" mag das Videoband, was glauben Sie, wird er zurückkommen und nochmal eines kaufen? Sie können darauf wetten, dass er es wird!

Die Chance ist ganz, ganz groß. Insbesondere, wenn die Firma eine reguläre und hartnäckige Weiterverfolgungs-Strategie verfolgt.

Und es sieht sehr danach aus, dass sie das tut.

Jedenfalls, können Sie mal raten, was Video Professor in die Schlagzeile schreibt? . Natürlich, es ist ...

KOSTENLOSES!

Ganz oben. In GROSSEN, FETTGEDRUCKTEN Großbuchstaben.

Versuchen Sie sich diese Anzeige vorzustellen ...

Oft fängt es oben auf der Seite mit ... „Spezielles Einführungsangebot von Video Professor – dem besten Computerinstruktor der Welt!

Dann kommt ... KOSTENLOSES! Dies eine Wort dominiert den ganzen oberen Teil der Seite.

Gleich unter ‚Kostenloses' steht in kleinerer Schrift ...

,Computertraining, das nur eine Stunden dauert!'

Dann kommt ein Bild ihrer Produktreihe von Videos mit einem eingerahmten Hinweis

‚Aus der TV Werbung! Bereits mehr als
2 Millionen verkauft!'

Und dann kommt das Angebot: ‚Suchen Sie sich einen aus unseren neun beliebtesten Titeln aus – KOSTENLOS'

Die Anzeige endet mit einem kraftvollen Satz, der zum Handeln drängt, und der kostenlosen 180-Telefonnummer – beide in den größten Buchstaben auf der unteren Hälfte der Seite:

‚Nur solange der Vorrat reicht!
Rufen Sie jetzt an! 0180-xxx-xxxx, Apparat xxx'

Und, was halten Sie davon? Wird dieses KOSTENLOS gut für die Firma arbeiten?

Nun, lassen Sie uns mal sehen. Allein daraus, dass behauptet wird, es seien bereits mehr als 2 Millionen Kurse verkauft", schließe ich, dass die Chancen mehr als gut stehen, dass es mehr als gut funktioniert.

2,0 Millionen x 39,95 US-Dollars = 79,9 Millionen Riesen !!

Großartige Anzeige. Großartige Methode. Und eine großartige Lektion für uns alle!

BG

(Ende)

Um einige der größten E-Commerce und Internet-Herausforderungen hervorzuheben und Ihnen einige Tipps zu liefern, wie man sie meistert, hier der Abdruck eines Artikels aus einer älteren Ausgabe unseres „Marketingsystem für sofortige Ergebnisse"-Newsletters ...

DIE GRÖSSTEN HINDERNISSE IM E-COMMERCE UND WIE MAN SIE ÜBERWINDET

Von Bill Guting

Das Internet sorgt allerorten für Furore und ist mittlerweile aus unserem Leben nicht mehr wegzudenken. Alle möglichen Unternehmen bemühen sich, eine Internetpräsenz auf die Beine zu stellen. Die Experten und Trendforscher sind sich einig: Das INTERNET ist der nächste große GOLDRAUSCH... und trotzdem übt eine beachtliche Anzahl von Konsumenten immer noch Zurückhaltung, wenn es darum geht, Einkäufe übers Internet zu tätigen.

Im Rahmen einer kürzlich veröffentlichten Studie von eNews wurden Geschäftsinhaber befragt, was ihrer Ansicht nach die größte Wachstumsbremse für den E-Commerce ist:

Widerstand der Konsumenten	46%
Mangelnde Sicherheit	23%
Unzureichendes Marketing	16%
Fehlende Technologie	8%
Sonstige Gründe	7%

Lassen Sie uns einen Blick auf die **ERSTEN DREI** Antworten werfen und ein paar Vorschläge machen, <u>wie</u> man diesen Herausforderungen begegnen kann:

Marketing-Methoden

WIDERSTAND DER KONSUMENTEN

Diese Barriere wird nach und nach verschwinden, weil immer mehr Leute online gehen und das Internet zunehmend zum Massenmedium wird.

Bis das der Fall ist, hier ein paar Tipps, was Sie JETZT tun können, um mit Ihrem Internet-Auftritt augenblicklich beim Kunden glaubwürdig zu erscheinen:

- Geben Sie unbedingt Ihren Firmennamen an und, wo erforderlich und möglich, Ihren Vor- und Nachnamen, sowie die vollständige Adresse (keine Postfachadresse!), Telefon- und Faxnummer und E-Mail. Machen Sie es Ihren Kunden leicht, mit Ihnen in Kontakt zu treten, uns lassen Sie sie wissen, dass Ihre Firma wirklich physisch existiert und auch eine echte Adresse hat.

- Ihre Menüleiste sollte eine Schaltfläche „ÜBER UNSER UNTERNEHMEN" oder „ÜBER UNS" beinhalten. Dahinter sollten sich einige Informationen zu Ihnen und/oder Ihrem Unternehmen verbergen – welchen Markt Sie beliefern, wie lange Sie schon im Geschäft sind, Ihre Mission oder Philosophie usw.

- Wenn möglich, platzieren Sie auf Ihrer Homepage ein FOTO von sich und/oder Ihren Mitarbeitern und/oder Ihrem Firmengebäude. Sie wissen ja: „Ein Bild sagt mehr als tausend Worte". (Und bringt EINE MENGE GLAUBWÜRDIGKEIT)

- Listen Sie relevante Organisationen auf, deren Mitglied Sie sind (Handelskammer, Direct Marketing Association, Electronic Direct Marketing Association etc.)

- Machen Sie es wie McDonalds – McDonalds hat über einen langen Zeitraum auf den großen Schildern vor den Filialen die Anzahl der verkauften Hamburger angegeben.

Marketing-Methoden

Sie wissen ja, „Weltweit über 2 Milliarden Hamburger verkauft" oder so. Die Botschaft dahinter lautet: „Wenn schon so viele Leute bei McDonalds Hamburger gegessen haben und immer wieder hingehen, muss das doch gut sein!". So etwas Ähnliches können Sie auch machen, etwa: „Über 1200 zufriedene Kunden" oder „Momentaner Abonnentenstand: 11.406 – und es werden täglich mehr!" und so weiter und so weiter.

- Bieten Sie auf Ihrer Homepage irgendetwas KOSTENLOS an. Sie sollten immer darauf vorbereitet sein, ZUERST Ihren Wert und Ihr Know-how unter Beweis zu stellen, bevor Sie einem Kunden etwas verkaufen können. Das gilt ganz besonders fürs INTERNET. Und hier ist es am besten, irgendetwas UMSONST anzubieten, das ihren Kunden einen konkreten Eindruck davon vermittelt, wie sie von Ihrem Produkt oder Ihren Dienstleistungen PROFITIEREN können. Also zum Beispiel:

- KOSTENLOSER BERICHT

- KOSTENLOSE ERSTBERATUNG

- KOSTENLOSER NEWSLETTER (finde ich persönlich am besten)

- KOSTENLOSE URLAUBSGUTSCHEINE

- EINE HOTLINE-LISTE MIT INTERNET-SEITEN MIT KOSTENLOSEN KLEINANZEIGEN

WICHTIGER HINWEIS: Wenn Sie irgendetwas KOSTENLOS anbieten, machen Sie zur Bedingung, dass Ihnen der Zielkunde seinen Namen und seine Kontaktinformationen übermittelt, einschließlich seiner E-Mail-Adresse! Warum? Damit Sie so lange **NACHFASSEN** können, bis Sie ihn als Kunden gewonnen haben.

Wie häufig und wie lange sollten Sie nachfassen? So häufig und lange wie nötig, oder bis man Ihnen mitteilt, dass Sie damit aufhören sollen. Vergessen Sie nicht:

Marketing-Methoden

Laut der Mehrzahl der Studien muss man einem Zielkunden ein Produkt im Durchschnitt 6 Mal unterschiedlich anbieten, bis sein Interesse geweckt ist.

MANGELNDE SICHERHEIT

Auch hier gilt: Das Thema Sicherheit wird immer weniger wichtig, je mehr Menschen online gehen und mit dem Internet vertraut werden. Das Internet breitet sich zwar in rasender Geschwindigkeit aus, aber Sie sollten sich vor Augen halten, dass bisher nur ungefähr 125 Millionen Menschen online sind – WELTWEIT.

Das ist eine ganze Menge, aber eigentlich kaum der Rede wert, wenn man bedenkt, dass – wie viele Menschen auf der Erde leben? 5 bis 6 Milliarden?!? **WAS FÜR EIN WACHSTUMSPOTENZIAL!**

Deswegen ist JETZT der perfekte Zeitpunkt für Sie, Ihre Internet-Präsenz AUFZUBAUEN.

Hier ein paar Tipps, wie Sie das Problem mit der Sicherheit lösen können:

- Was Ihr Programm braucht, ist die Fähigkeit zur Verarbeitung SICHERER BESTELLFORMULARE (Secure Order Forms). Sorgen Sie dafür, dass Ihre Zielkunden wissen, dass Sie eine sichere Bestellseite haben.

- Bieten Sie Ihren Kunden mehrere Bestelloptionen. Außer dem sicheren Bestellformular sollten SIe auch ein Formular für eine FAXBESTELLUNG bereitstellen und zudem eine Telefonnummer (24-Stunden und kostenlos, wenn möglich), damit die Bestellung auch per Fax oder telefonisch übermittelt werden kann.

Marketing-Methoden

- Geben Sie immer Ihre TELEFONNUMMERN und Ihre Bürozeiten an. Auch Ihre FAXNUMMER kann nicht schaden. Solche einfachen Maßnahmen führen bei Ihren Zielkunden zu der Überzeugung, dass es sich bei Ihnen um ein real existierendes Unternehmen handelt und nicht nur um eine Internet-Seite irgendwo draußen im Cyberspace.

- Richten Sie sich ein KONTO BEI EINEM VERTRAGSUNTERNEHMEN EINER KREDITKARTENORGANISATION ein, damit Sie Zahlungen über Kreditkarten (Visa, MasterCard, American Express) entgegen nehmen können. Das ist absolut UNERLÄSSLICH. Die meisten Konsumenten zahlen bei Einkauf übers Internet lieber mit Kreditkarte, weil sie damit wenigstens ein gewisses Maß an Kontrolle haben und ggf. Regressansprüche anmelden können, wenn das Versprochene nicht geliefert wird. Die Akzeptanz von Kreditkarten verschafft Ihnen unmittelbar Glaubwürdigkeit und kann Ihre UMSÄTZE um 30 BIS 100 % IN DIE HÖHE TREIBEN – oder sogar noch WEITER!

UNZUREICHENDES MARKETING

Zwar haben nur 16 % der befragten Geschäftsinhaber "unzureichendes Marketing" als mögliche Wachstumsbarriere für das E-Commerce angegeben, aber meiner Meinung nach ... **IST DAS DER WICHTIGSTE GRUND!**

Denken Sie mal darüber nach.

Wären Sie mit einem Geschäft erfolgreich, wenn Sie zwar ein SUPER PRODUKT, aber ein absolut UNZUREICHENDES und UNWIRKSAMES MARKETING hätten? Klar, möglich ist alles.......... aber meiner Erfahrung nach ist es NICHT WAHRSCHEINLICH.

Erinnern Sie sich noch an die Zeiten, als man einfach nur ein besseres Lockmittel brauchte? Ich sage Ihnen – das war einmal.

Marketing-Methoden

In der modernen Wirtschaft, in der immer mehr Produkte zu Gebrauchsartikeln werden, können Sie sich nur durch **MARKETING** von der Konkurrenz **ABGRENZEN** und sich einen **WETTBEWERBSVORTEIL VERSCHAFFEN**!

Durch Marketing können Sie informieren und bilden. Marketing ermöglicht Ihnen, eine Beziehung zu Ihren Ziel- und Bestandskunden aufzubauen. Es ermöglicht Ihnen, die großen Vorteile Ihres Produktes oder Ihrer Dienstleistung klar auf den Punkt zu bringen. Es ermöglicht Ihnen, sich zu entwickeln, zu etablieren und jeden wissen zu lassen, WARUM und WIE sie sich von Ihrer Konkurrenz unterscheiden!

Mit anderen Worten: Marketing ermöglicht Ihnen, den **EINZIGARTIGEN VORTEIL** deutlich zu machen und in den Vordergrund zu stellen, den NUR IHR UNTERNEHMEN – und idealerweise keiner Ihrer Konkurrenten – bietet.

Denken Sie lange und intensiv darüber nach, worin dieser Vorteil besteht, schreiben Sie ihn auf und machen Sie in all Ihren Kommunikations- und Marketingmaterialien WERBUNG, WERBUNG und nochmals WERBUNG dafür.

Dieses Thema ist so umfangreich, dass wir ein ganzes Buch damit füllen könnten. Aber was soll's – wir können ja hier nicht einmal das kleine Problem "Unzureichendes Marketing" lösen...

Deshalb will ich Ihnen für den Moment einfach **ein paar TOLLE IDEEN** liefern, wie Sie Ihre Internet-Marketingstrategie um Einiges WIRKUNGSVOLLER machen können:

- Bauen Sie sich eine „interne" SELEKTIERTE ADRESSENLISTE auf. Was das ist? Ganz einfach: Das ist eine Liste von Kunden oder Zielkunden, die Ihnen freiwillig ihre E-Mail-Adresse gegeben haben, damit Sie Ihnen zusenden können, was immer Sie zu bieten haben – Newsletter, wöchentliche Tipps, Produktankündigungen, Unternehmensneuigkeiten, usw. Die besten Methoden, an die E-Mail-Adressen zu kommen, sind meiner Ansicht nach folgende:

Marketing-Methoden

- Bieten Sie einen **KOSTENLOSEN NEWSLETTER** an! Wie oft sollte der erscheinen? Mindestens einmal pro Monat – das ist das absolute Minimum. Der Newsletter kann wertvolle Tipps, Produktprofile, Produktankündigungen, Erfolgsgeschichten enthalten oder auch Angebote von Werbegeschenken oder Preisnachlässen, die Ihre Kunden von anderen Unternehmen bekommen können (weil Sie eine spezielle Vereinbarung getroffen haben – ein sehr effizientes Mittel, um sich das Wohlwollen Ihrer Kunden zu sichern), usw.

- Bieten Sie irgendetwas **KOSTENLOS** an! Das habe ich zwar schon erwähnt, aber es ist so wichtig, dass ich es auch noch ein zweites Mal erwähnen muss. KOSTENLOSE BERICHTE sind bestens geeignet für jede Art von Geschäft. KOSTENLOSE BERATUNG eignet sich perfekt für jede Art von Beratungs- oder Dienstleistungsunternehmen. **Etwas KOSTENLOS anzubieten, ist die BESTE METHODE, um sich eine „interne" SELEKTIERTE ADRESSENLISTE aufzubauen.**

- **NACHFASSEN, NACHFASSEN, NACHFASSEN!** Zielkunden sollten mindestens 3 Mal kontaktiert werden, idealerweise bis zu 6 Mal. <u>Beispiel</u>: Bei den meisten unserer Kampagnen schicken wir sofort einen Verkaufsbrief, sobald jemand auf unsere Anzeige reagiert. Und wenn der Interessent innerhalb von 14 Tagen nicht kauft, streichen wir ihn dann von unserer Liste? Absolut nicht. Wir schicken ihm Brief Nr. 2, der im Grunde der gleiche ist wie Nr. 1. Die einzige Änderung besteht im Hinweis, dass dies die **2. Benachrichtigung** ist und in einer Bezugnahme auf diese Tatsache im ersten und zweiten Absatz des Briefes.

- Und wenn der Empfänger des zweiten Briefes innerhalb von 14 Tagen nicht kauft, was meinen Sie, was passiert? Er erhält von uns Brief Nr. 3. Der einzige Unterschied besteht in dem Hinweis darauf, dass dies die 3. und letzte Benachrichtigung ist und in einer Bezugnahme auf diese Tatsache im ersten und zweiten Absatz des Briefes.

Ganz einfach – und doch: Das sind die **WIRKUNGSVOLLSTEN DIREKTMARKETING-METHODEN**, die Sie nutzen können! Tun Sie es und erleben Sie eine EXPLOSIONSARTIGE UMSATZSTEIGERUNG!

Wissen Sie, das Internet ist noch „brandneu" und immer noch ein bisschen „mysteriös", und deshalb denken viele Menschen, dass Marketing via INTERNET ganz andere Strategien und Techniken erfordert. Soll ich Ihnen die Wahrheit sagen? Erprobte Direkt-Marketingkonzepte funktionieren in JEDEM Medium – <u>auch</u> im Internet!

Konzentrieren Sie sich darauf, diese Konzepte zu erlernen, und Sie werden sich irgendwann Ihren eigenen Gehaltsscheck ausschreiben können – ganz egal, welches Medium Sie nutzen!

(Ende)

(Es folgt ein ARTIKEL, der einige der effektivsten Methoden zum Werben für Ihre Website beschreibt. Bitte nehmen Sie sich die Zeit und lesen ihn – und, was viel wichtiger ist – **folgen Sie diesen Anweisungen!**)

Hier der Abdruck eines Artikels aus einer älteren Ausgabe unseres „Marketingsystem für sofortige Ergebnisse"-Newsletters ...

Wie man Hunderte ... oder sogar Tausende von potenziellen Kunden dazu bringt, Ihre Website zu besuchen – jeden Tag!!

Von Bill Guting

Sie sehen es immer und immer wieder ...

Leute, die TONNEN von Zeit damit verbringen, Ihre Websites zu „kreieren", aber fast NULL Zeit, um für diese Seite zu werben!

Ergibt das überhaupt einen Sinn? Muss man sich wundern, dass die meisten Website-Besitzer absolut KEIN GELD verdienen?

Ich kann Ihnen sagen, die coolste, die witzigste Seite im Internet zu haben, bedeutet gar nichts - WENN NIEMAND WEISS, DASS SIE EXISTIERT!

Ob Sie „offline" oder „online" vermarkten, der wichtigste Aspekt Ihres Geschäfts ist und bleibt: für immer MARKETING! Und genau darauf MÜSSEN sich all Ihre Anstrengungen ausrichten.

Um Sie auf die richtige Fährte zu bringen, lassen Sie uns einige Marketingideen diskutieren, die Sie sofort für sich arbeiten lassen können, beginnend mit ...

ONLINE-MARKETINGSTRATEGIEN

ONLINE-MARKETINGSTRATEGIE Nr. 1 – Registrierung in Suchmaschinen

Was ist eine Suchmaschine? Ganz einfach. Stellen sie Sie sich wie die „Gelben Seiten" fürs Internet vor. Sie müssen nur diese Suchmaschine-Seiten besuchen, den Namen, die Fachrichtung, die Firma, das Thema, usw. von dem, was Sie suchen, eintippen und Siehe da! ... Sie werden eine Liste von „ähnlichen" Websites bekommen!

Es gibt HUNDERTE von Suchmaschinen. Und es gibt eigentlich nur 3 Wege, wie Sie Ihre Website in allen diesen unterschiedlichen Suchmaschinen eintragen können:

Nr. 1) Nutzen Sie einen KOSTENLOSEN Listing-Service (Registrierungsservice)

Nr. 2) Klicken Sie jede der Suchmaschinen manuell an und tragen Sie die Informationen selbst ein.

Marketing-Methoden

Nr. 3) Beauftragen Sie einen Listing-Service
(Registrierungsservice)

<u>Kostenloser Listing-Service</u>

Zwei der beliebtesten Listing-Service-Dienste sind SubmitIt (http://www.submit-it.com) und Exploit (http://www.exploit.com)

Es ist ein einfacher Prozess. Sie besuchen diese Seiten, geben Ihre Information einmal ein, und dann trägt dieser Service "automatisch" Ihre Website in alle Suchmaschinen ein, die Sie ausgewählt haben.

Klingt doch großartig, oder?

<u>Hier ist aber ein Problem:</u> Jede Suchmaschine hat unterschiedliche Kriterien und berücksichtigt variable Fakten, wenn sie die Reihenfolge der angezeigten Einträge festlegt.

Mit anderen Worten, wenn Sie Ihren Eintrag so gestalten, dass Sie innerhalb der ersten 50 Plätze bei Yahoo erscheint, bedeutet das nicht automatisch, dass Sie die gleiche Platzierung auch bei AltaVista bekommen.

Schlussfolgerung? Sie werden jede Menge Zeit und Geld sparen, wenn Sie diese kostenlose Listing-Dienste nutzen, aber Sie werden mit größter Wahrscheinlichkeit nicht auf den Top Positionen dieser Suchmaschinen angezeigt – was bedeutet, Sie bekommen nicht so viele Besucher wie Sie sich wünschen. Ein besserer Weg ist ...

Klicken Sie jede der Suchmaschinen manuell an und tragen Sie die Informationen selbst ein.

Auch wenn es HUNDERTE Suchmaschinen gibt, die gute Nachricht ist ...

NUR DIE TOP 8 SUCHMASCHINEN SIND WICHTIG!

Das ist richtig. Sie können sich nur auf die 8 wichtigsten Suchmaschinen konzentrieren, vergessen Sie den Rest ... und sie haben es geschafft. Das sind diejenigen Suchmaschinen über die die überwältigende Mehrheit (95%) der Internet-Nutzer ihre Suche betreibt.

Die Top 10 sind:

Google	www.google.de
Yahoo	www.yahoo.de
Allesklar	www.allesklar.de
T-Online	www.t-online.de
Lycos	www.Lycos.de
Fireball	www.Fireball.de
Web.de	Web.de
AOL	www.aol.de
Altavista	www.altavista.de

Hier sind einige **HILFREICHE HINWEISE**, denen Sie folgen sollten, wenn Sie eine Eintrag machen:

- Stellen Sie eine Liste von 30–40 Schlüsselworten für Ihre Website zusammen. Dann versuchen Sie die 10 Worte herauszufinden, die Ihr potenzieller Kunden als Suchbegriff nutzen würde.

- Nehmen Sie Plural, wenn möglich. Zum Beispiel: Nehmen wir an, dass Sie ein Physiotherapeut sind und dieses Wort auch als Ihr Kennwort für die Listung nutzen.

Wenn jemand eine Suche mit dem Suchbegriff „Physiotherapeuten" startet, wird Ihre Seite nicht angezeigt! Aber – wenn Sie sich unter „Physiotherapeuten" eintragen lassen und jemand nach "Physiotherapeut" sucht, wird Ihre Seite mit heraus gezogen!

- Der TITEL Ihrer Website ist ENTSCHEIDEND. Das ist NICHT die Schlagzeile auf Ihrer ersten Seite, sondern das, was in der Titelzeile Ihres Browsers erscheint. Die meisten Suchmaschinen behandeln das Wort Ihres Titels als das WICHTIGSTE SCHLÜSSELWORT.

- Platzieren Sie Ihre Schlüsselworte OFT ganz am ANFANG Ihrer Seite. Wiederholen Sie aber die Schlüsselworte nicht nur deshalb, weil Sie vielleicht eine bessere Positionierung zu erlangen versuchen (das ist eine Praktik, die sich „Schlüsselwort-Spaming" nennt). Das mag vielleicht in der Vergangenheit mal funktioniert haben, tut es aber heute nicht mehr. Stellen Sie nur sicher, dass die Schlüsselworte sinnvoll mit Ihrem restlichen Text mitfließen.

- Bevor Sie Ihre Website in einer der Suchmaschinen listen, stellen Sie sicher, dass Ihre Website komplett FERTIG UND BETRIEBSBEREIT ist

- Konzentrieren Sie sich wirklich darauf, eine obere Platzierung in Yahoo zu bekommen! Mit ziemlicher Sicherheit werden mehr als 50 % Ihrer Anfragen alleine über diese Suchmaschine kommen!

Gibt es irgendwelche Nachteile, wenn man sich selbst in den Suchmaschinen einträgt? Ja, ich denke ein paar schon.

Erstens kann es ziemlich zeitraubend sein und Sie schon einige Tage kosten, wenn Sie es richtig machen wollen.

Zweitens, werden Sie keine Fachleute zur Hand haben, die Ihnen bestätigen können, dass Sie die aktuellsten Suchmaschinen-Tricks beachtet haben, und die eine Gegenprobe Ihrer Auswahl und deren potenzielle Effektivität durchführen könnten.

Falls Sie das zu sehr stört, gibt es noch eine andere Möglichkeit für Sie ...

Beauftragen Sie einen Listing-Service

Hier sind einige Dienstleistungsfirmen, die Ihre Webseite für Sie in die Suchmaschinen eintragen:

1. Contact Data unter http://trafficboost.com – diese Firma hat einen komplett automatisierten Service, ähnlich wie die kostenlosen Service-Anbieter, die Ihre Website-Informationen in mehr als 500 Suchmaschinen eintragen. Durchschnittliche Kosten belaufen sich afu ca. 50 US-Dollar.

2. AAA Promotion unter http://www.websitepromote.com/cgi-bin/top_index - Dieser Service-Anbieter könnten Ihnen vielleicht bessere Ergebnisse bringen, weil sie die Informationen manuell in die Suchmaschinen eintragen, basierend auf den Informationen, die Sie ihnen geliefert haben. Durchschnittliche Kosten belaufen sich auf ca. 100-200 US-Dollar.

Der dritte Typ von Listing-Service ist eigentlich, einen ERSTKLASSIGEN SUCHMASCHINEN-BERATER zu beauftragen.

Ein guter Berater wird Ihnen beibringen, welche Vor- und Nachteile die Suchmaschinen haben, Ihnen bei den Schlüsselwörtern und dem Inhalt helfen, und eigentlich alles Erdenkliche tun, um die MAXIMALE ANZAHL VON BESUCHERN auf Ihre Website zu bringen.

Ich sage Ihnen, ein guter Suchmaschinen-Berater kann sein eigenes Gewicht in Gold wert sein.

Wie man einen guten findet? Einfach. Eine kurze Suche im Internet wird Ihnen eine ganze Schar von ihnen zeigen.

Dann, wenn Sie ihre Auswahl ungefähr auf die Hälfte zurecht stutzen, speichern Sie sich nur deren Referenzen und die Website-Adressen der Kunden, die diesen Berater mindestens innerhalb der TOP 40 platziert haben.

Durchschnittliche Kosten? In der Größenordnung zwischen 500-700 US-Dollar.

So, das wäre die Aufklärung über Suchmaschinen. Lassen Sie uns weitermachen mit ...

ONLINE-MARKETINGSTRATEGIE Nr. 2 – Banner-Werbung

Banner-Anzeigen sind einfach elektronische Werbetafeln (Billboards), die auf anderen Websites platziert sind. Und wenn jemand Ihr Banner anklickt, wird er automatisch auf Ihre Website weiter geleitet.

Das ist eine sehr beliebte Werbeform im Internet, die jede Menge Vermarkter im Internet selbst nutzen.

Warum? Weil günstige, bedienerfreundliche Softwares die Gestaltung Ihrer eigenen Banner zum absoluten KINDERSPIEL machen.

Um das aktuellste Programm, das sich nur auf Banner-Design spezialisiert hat, zu finden, bedarf es nur eines Ausflugs zum nächsten Computer-Laden in Ihrer Nähe.

Wenn Sie sich dazu entschließen, Ihre eigenen Banner selbst zu gestalten, **finden Sie hier einige Tipps, die Sie beachten sollten:**

- Versuchen Sie die Datenmenge des Banners unter 10 KB zu halten. Die Leute haben keine Zeit und Lust zu warten, bis sich ein Banner herunterlädt (oder vollständig erscheint).

- Nutzen Sie "Imperativ-Sätze" in Ihren Bannern, wie "Klicken Sie hier" oder "Jetzt anklicken"

- Setzen Sie animierte Banner, wo Sie nur können.

Wenn Sie keine Zeit oder keine Lust dazu haben, Ihre Banner selbst zu gestalten, gibt es eine große Auswahl an Service-Firmen, die das für Sie erledigen können – entweder kostenlos oder zu wirklich niedrigen Kosten!

Suchen Sie im Internet unter „Banner Erstellung" oder „Banner Creation" oder „Banner Erstellungsservices".

Nachdem Sie Ihr Banner fertig haben, wird es Zeit, damit zu WERBEN und es AUF ANDEREN WEBSITES ZU PLATZIEREN.

Welcher ist der schnellste Weg, um Ihre Banner in Aktion zu bringen? Ein Banner-Austauschprogramm.

Hier können Sie nachlesen, wie es funktioniert: Für jedes Banner, das Sie auf Ihrer Website platzieren, wird Ihr Banner im gleichen Zeitraum auf einer anderen Website ebenfalls platziert.

Es gibt Tonnen von Anbietern, aber hier sind die, die ich empfehle:

http://www.adclicks-agent.de

http:// www.ihre-bannerwerbung.de

http:// www.markt-macher.com/

http:// www.click-around.de

Eine andere Marketingstrategie für Ihre Banner ist, sie auf den Webseiten zu platzieren, die für die gleiche ZIELGRUPPE bestimmt sind wie Ihre. Wenn Sie zum Beispiel ein Buch mit dem Titel „Wie man den Golfrasen grün halten kann!" vermarkten möchten, könnten sie als Zielmarkt „WEBSITES VON GÄRTNEREIEN" ... oder „WEBSITES VON MAGAZINEN MIT GARTENTHEMATIK" auswählen usw.

Haben Sie das verstanden?

Sie können sich leicht denken, dass diese „verwandten" Websites ähnliche Kunden haben Sie und dass es daher für sie interessant wäre, Ihr Buch zu kaufen.

Wie findet man diese „verwandten" Websites? Ganz einfach. Gehen Sie nur über Ihre Lieblings-Suchmaschine, tippen Sie die entsprechenden Schlüsselworte ein und Sie erhalten die Liste. Das ist alles, was Sie tun müssen!

Nachdem Sie die 25 bis 30 wichtigsten Websites identifiziert haben, besteht der nächste Schritt darin, denen eine E-Mail zu schicken und sie zu fragen, ob sie interessiert wären, mit Ihnen ein Banner auszutauschen.

ONLINE-MARKETINGSTRATEGIE Nr. 3 – Herausgabe eines eigenen E-Mail- Newsletters

Eine der GROSSARTIGSTEN Marketingstrategien, die Sie online für sich arbeiten lassen können, ist, sich selbst als ein Experte zu etablieren und ständig daran zu arbeiten, eine Beziehung zu Ihren potenziellen Kunden aufzubauen. Und der mit Abstand beste Weg dazu ist ein E-Mails-Newsletter!

Ein Newsletter erlaubt Ihnen:

- Ihr fachliches Wissen zu beweisen und Ihren bestehenden und potenziellen Kunden hilfreiche Tipps und Informationen zu liefern (dadurch größere Glaubwürdigkeit und Vertrauen zu erzeugen)

- Neue Produkte oder Angebote bekannt zu machen

- Sonderpreise anzubieten und Sonderangebote bekannt zu machen

- An Ihre bestehenden und potenziellen Kunden die Sondervereinbarungen, die Sie mit anderen Firmen zu Gunsten Ihrer Kunden ausgehandelt haben, weiterzugeben

- Sie an alle Ihre Produkte und Dienstleistungen zu erinnern, die Sie anbieten

- Eine Rückmeldung darüber zu bekommen, was Ihre Kunden mögen oder nicht mögen, und was sie WOLLEN

- Eine Rückmeldung dazu zu bekommen, WIE Sie Ihre angebotene Leistung verbessern können

- Eine Beziehung zu Ihren bestehenden und potenziellen Kunden aufzubauen

Ich sage Ihnen, wenn Sie einem potenziellen Kunden diese ART von Informationen regelmäßig und konsequent bieten, gibt es ihm jede Menge Gründe, Ihre Website immer wieder zu besuchen.

Wo auch immer Sie sind und wann auch immer Sie da sind, fangen Sie an, der Welt von Ihrem kostenlosen Newsletter zu erzählen.

Zuallererst sollte Ihr Angebot über einen „KOSTENLOSEN NEWSLETTER" vorzugsweise auf jeder Seite Ihrer Website, insbesondere auf der ersten, platziert sein. Und als nächstes: warum sollten Sie nicht auch jemandem die Gelegenheit geben, seinem Freund oder Geschäftsgenossen ein Abonnement zu schenken?

Das heißt, jemand könnte auf Ihre Website gehen und dort ein Abonnement an einen Freund verschenken. Alles, was sie tun würden, ist die E-Mail-Adresse des Freundes bekannt zu geben, der nachher eine „E-Mail-Geschenkurkunde" bekommt, die ihm mitteilen, von wem er dieses **GESCHENK-ABONNEMENT** bekommen hat , und was ihn in den Newslettern erwartet. Das ist eine wirklich schlichte Idee, aber eine, die Ihre Newsletter-Verteilerliste sehr schnell erweitern kann.

Zusätzlich sollen Sie auf kostenlosen und kostengünstigen Kleinanzeigen-Websites dafür werben. In verwandten E-Zines werben. In verwandten Newsgroups platzieren. Bieten Sie Ihren Newsletter in Ihrer E-Mail-Signatur an.

Betreiben Sie gezieltes, selektives E-Mailing. Veröffentlichen Sie Pressemeldungen in geeigneten Medien.

Marketing-Methoden

Außerdem, sollten Sie nicht nur online werben, Sie sollten auch jede Gelegenheit wahrnehmen, Ihren Newsletter in der Offline-Welt bekannt zu machen (Kleinanzeigen, Visitenkarten, Anrufbeantworter-Ansagen, bieten Sie Ihren Newsletter in Ihren Anzeigen an, usw.)

ONLINE-MARKETINGSTRATEGIE Nr. 4 – Bekommen Sie kostenlose Publicity durch E-Zines

Es gibt Tausende von E-Zines im Internet zu den unterschiedlichsten Themen und Kategorien, die Sie sich nur denken kennen.

Die meisten beinhalten informative Artikel und auch einen kostengünstige Kleinanzeigen-Bereich. Zusätzlich dazu, dass Sie für Anzeigen zahlen, sollten Sie auch die Möglichkeit in Betracht ziehen, durch das Schreiben und die regelmäßige Veröffentlichung von informativen Artikeln in verwandten E-Zines eine kostenlose Publicity für Ihre Website zu bekommen

Wie sollten Sie für Ihre Website werben? Einfach. Durch eine kurze Fußzeilen-Nachricht (ähnlich wie Ihre E-Mail-Signatur) am Ende Ihrer Artikel.

Auf folgenden Websites finden Sie Linklisten, die Ihnen helfen, E-Zines zu jedem erdenklichen Thema zu finden.

- http://www.zdb.spk-berlin.de
- http://www.bib-info.de
- http://www.leserservice.de
- http://www.abodirekt.de

ONLINE-MARKETINGSTRATEGIE Nr. 5 – Online-Pressemitteilungen

Eine der größten ungenutzten Marketingstrategien im Netz sind Online- Pressemeldungen. Und eine großartige Quelle, die Ihnen helfen kann, ist das „Multimedia Marketing Groups Internet News Bureau", zu finden unter http://www.newsbureau.com Die Seite beinhaltet auch eine großartige „Fibel" zum Thema, wie man effektive Pressemitteilungen schreibt.

Für eine angemessene Gebühr werden die für Sie 1.200 und mehr Medien-Verkaufstellen per E-Mail anschreiben. Es ist eine exzellente Methode, Ihre Website oder jegliches neues Produkt oder Dienstleistung publik zu machen.

Nun, bisher haben wir uns mit den effektivsten „Online"-Strategien, die Sie für sich arbeiten lassen können, befasst, aber wissen Sie was? ... Sie sollten genauso aggressiv in der **OFFLINE-Welt** für Ihre Website werben.

Bedenken Sie nur, dass viele der populärsten Websites im Netz (Yahoo, AOL, Victoria´s Secret, uws.) mit Hilfe der „traditionellen" Offline-Marketingmethoden zu dem geworden sind, was sie heute sind! Lassen Sie uns einen Blick auf einige effektive Marketingmethoden in der "realen Welt" werfen, beginnend mit der:

Marketing-Methoden

OFFLINE-MARKETINGSTRATEGIE Nr. 6 – Drucken Sie Ihre Webadresse auf alles, was Ihr Büro verlässt

Jede Korrespondenz, die Ihr Büro verlässt, sollte Ihre Webadresse tragen, auch:

- Visitenkarten
- Briefkopf
- Briefumschläge
- Rechnungen
- Broschüren
- Verkaufsbriefe, Verkaufsliteratur
- Fax-Briefkopf

OFFLINE-MARKETINGSTRATEGIE Nr. 7 – Betreiben Sie traditionelle Werbung

Wenn es Ihr Werbeetat erlaubt, ist es keine schlechte Idee, permanent für Ihre Website zu werben – angefangen mit Kleinanzeigen bis hin zu Großanzeigen (Display-Anzeigen). Und bevor Sie Ihre Anzeigen in allgemein verbreiteten Zeitungen oder Magazinen veröffentlichen, überlegen Sie sich die Schaltung in Publikationen, die sich auf Ihren ZIELMARKT spezialisiert haben.

Zum Beispiel, wenn Sie ein Website haben, auf der es ums Kegeln geht, ist es doch viel sinnvoller, sagen wir mal, in „Keglers Welt" als in USA-Today zu inserieren?

Was soll man inserieren

Meiner Meinung nach besteht eine der besten Methoden, Ihre potenziellen Kunden auf Ihre Website zu leiten, darin, eine Art von Leckerbissen anzubieten – natürlich KOSTENLOS, wenn Sie können.

Einige Beispiele wären: kostenloser Newsletter, kostenloses Buch, kostenloser Bericht, kostenlose Audiokassette, kostenlose Preisausschreiben usw. usw.

Wenn ich eine Website zum Thema Kegeln hätte und mit einem Wettbewerb um den kostenlosen Eintritt in meiner Kegelbahn für ein ganzes Jahr werben würde, lesen Sie unten wie ich vielleicht die Anzeige gestalten würde:

Kostenloses Kegeln für ein ganzes Jahr! Lesen Sie die Details

im Internet unter: http://www.kegelspass.com

Zwei Quellen, in denen sie zielorientiert Handelspublikationen und Magazine finden können, sind:

- http:// www.konsult.lv/deutsch.htm
- http:// de.factiva.com/de/factiva/enhancements.asp

OFFLINE-MARKETINGSTRATEGIE Nr. 8 – Direkt Mail

Direkt-Mail (das gezielte Versenden von Verkaufsbriefen) ist eine meiner bevorzugten Marketingformen, weil es heutzutage eher wie ein gezielter Schuss als ein Schießen mit einer Schrotflinte ist. Verstehen Sie, was ich meine? Die Direktwerbung ist so gut entwickelt, dass Sie jederzeit eine Adressenliste von super-heißen potenziellen Kunden bekommen können ... was auch immer Sie verkaufen!

Wenn Sie ein Immobilien-Gutachter sind und Ihr Zielmarkt Immobilienmakler sind, können Sie eine Adressenliste kaufen. Wenn Sie natürliche Vitamine, Kräuter und Nahrungsmittelergänzungen verkaufen – warum sollte Sie nicht eine Adressenliste von Abonnenten von Zeitschriften für alternative Medizin erwerben? Sie finden sie ... in großer Zahl.

Haben Sie einen Eindruck gewonnen? Auch wenn Direktwerbung per Post weit teurer ist als Direktwerbung per E-Mail, die Fähigkeit, Ihre potenziellen Kunden scharf GEZIELT anzugehen, macht sie normalerweise zu einer wertvollen Strategie.

Hier sind zwei der besten Webseiten zum Thema Direktwerbung:

1. Der nationale Versandhandelsverband – www.versandhandel.org
   Eine gute Adresse, wenn es um Informationen oder Kontakte rund um Versand oder Marketing geht.

2. pr-direktmarketing – http:// www.pr-direktmarketing.de
   Falls Sie Druckereien, Versender, Computerservice, Kombi-Dienste, Adressenmieten

3. oder irgendetwas anderes suchen, was mit Direktwerbung im Zusammenhang steht, ist es gut, diese Seite zu kennen.

OFFLINE-MARKETINGSTRATEGIE Nr. 8 – Besorgen Sie sich kostenlose Publicity

Eine super Methode für das Werben für Ihre Website ist *kostenlose Publicity* durch das Schreiben und Veröffentlichen von *Pressemeldungen*. Zusätzlich sollten Sie auch in Betracht ziehen, Artikel in den Ziel-Publikationen Ihrer Branche herauszubringen. Ich kann Ihnen sagen, dies kann sehr lohnend für sie sein. Weil das Internet heute ein so heißes Thema ist, suchen Herausgeber händeringend nach wertvollen Informationen, Updates, Angebote zu neuen Produkten/Dienstleistungen aller Art, die mit dem Internet zusammenhängen.

Eine super gute Quelle für Sie, die Sie sich im Internet auch anschauen sollten ist:

http://www.gebbieinc.com/presto1/htm

Auf dieser Seite finden Sie eine Liste von wöchentlich erscheinenden Zeitungen sowie Fernsehsendern in den ganzen USA – nach Bundesländern geordnet. Und Sie werden auch Kontakt-E-Mail-Adressen für Radio- und Fernsehstationen soweit kostenlose Telefonnummern von ein Paar Hundert Tageszeitungen finden.

Es ist wirklich eine tolle Seite mit jeder Menge wertvolle Information. Und das Beste daran ist – alles ist **KOSTENLOS**!

Wie auch immer, wir haben Sie mit einer Menge Informationen eingedeckt, nicht wahr? Vergessen Sie nur nicht, dass das Werben für Ihre Website KEINE einmalige Angelegenheit ist, sondern etwas, auf das Sie sich immer wieder konzentrieren sollten.

Seien Sie konsequent. Seien Sie regelmäßig aktiv. Und denken Sie immer daran:

WERBEN SIE, WERBEN SIE, WERBEN SIE.

Schneller als Sie denken, werden Sie Scharen von potenziellen Kunden haben, die sich den Weg zu Ihrer Website bahnen, Tag für Tag, Woche für Woche – wie ein Uhrwerk.

Bill Guting